中国人的历史

三皇五帝夏商周

诸神的踪迹

申赋渔
著

新 星 出 版 社 NEW STAR PRESS

总序

星河

去年夏天，我去了一趟法国的西部，住在布列塔尼一个名叫kerguian的小村子里。小村子在面朝大西洋的悬崖边。面前的海洋，已经从无边的蓝，化做了不可知的黑暗。悬崖旁边一块空阔的草地上，一对年轻的夫妇，早已把他们的房车停放妥当，在黑暗中听着一首凯尔特人的民谣。明亮得不真实的星星，离我是如此之近，低低地布满了头顶的天空，我仿佛置身于它们之间，每一颗星星，都触手可及，让我感觉自己不是站立在地球上，而是浮在宇宙之中。

这一瞬间，我想到了故乡。童年时的故乡。只有在那时，我曾离星辰很近，并且喃喃自语地，在想象中和它们对话。离开家乡之后，我离星辰也就越来越远了。只有在半梦半醒时，神秘灿烂的星河才会重又出现在我的眼前。我发现我能飞了，我的躯体躺在床上，我的灵魂在不同的星星间游荡。我可以从高远的天空俯看这个地球，我可以降下来，贴着地面飞行。我可以游走于现实和历史之间。

当我决定写这部《中国人的历史》的时候，我立即就想到了星河。

这是一条群星闪耀的大河。一个个杰出的中国人，如星辰般闪耀在历史的天空，构成了文明与精神之河。这是关于中国人的历史书，里面写的是一个个伟大而杰出的中国人。我将飞行穿梭于这条大河之中，试图在其间，给有心之人做一次导游。

这是一条奔流不息，从未断流的文化之河。

埃及、巴比伦、印度、中国，历史上的四大文明古国，唯一文脉不断的是中国。然而这文脉的传承，在今天，由于现代化、信息化与全球化的冲击，已经出现了巨大的危机。因为知识的工具化、功利化和碎片化，让我们离传统文化渐行渐远。喧嚣当中，中国人慢慢在丢失属于我们的独特审美、独特思考与独特创造。

现在，许多人开始了文化的回溯。可是，回去的路曲折迷茫，找不到一条清晰的线索。

也许，历史是一条回家的捷径。当我们顺着历史的线索，去追述我们先人的故事时，我们仿佛与先人一起，从稚拙走向成熟。回溯我们数千年的历史，就是回溯我们民族的精神成长史。从这个历史中走出来的人们，因为文化的寻根，而辨识彼此。历史是一条纽带，联结着所有的中国人。读懂了历史，无论走在天涯海角，还是异国他乡，只要一个成语、一个地名或者人名，立即就会得到会心的微笑和心灵深处强烈的共鸣。

中华文化的基因，藏在历史当中，藏在一个个伟大的历史人物身上，藏在一个个文化事件之中。不了解历史，就不能了解自己，就不能了解中国人。不了解我们的过去，就不能看清我们的未来。

当我们说自己是中国人的时候，是因为我们同样拥有背后那个漫长的我们深深为之自豪的五千年的时光。读史让人的心灵变得丰盈。读懂了我们的中国史，我们的生命就延长了五千年。

因为这个，我尝试来写作这一部中国人的历史。并且希望这是一部不一样的历史书。在这部历史里，应该有我们中国人心灵的成长史、精神的成熟史、人格的丰富史。我的目标不是建立起朝代更迭的知识体系，我的希望是建立起中国人心灵的完整坐标，让每个读者，都能从中找到自己的位置，从而让心灵不再漂泊。

从盘古开天辟地、女娲造人、尧舜禅让到夏商周，从春秋战国到秦汉魏晋，从六朝到唐宋元明清，再到中华民国。上下五千年，纵横千万里，无数的先贤，他们入世时造福万民，出世时高风亮节。他们如天空中的群星，千百年来，用他们伟大的心灵与绝世的才华，照亮着历史的天空。

这部书，是对满天星斗绝世光华的一次采撷。目的不是保留，而是激发。是期望有一天，那些接收到星辰光华的人，也将以他们的光芒，去照耀人类。

申赋渔

二〇一七年五月一日于巴黎

序

诸神的踪迹

中国的神话浪漫温暖，摇曳生姿。每位神的故事都很简短，就像中国的诗。言有尽，而意无穷。中国的神与西方的神不一样。中国的神与人日常生活在一起，不神秘。每个节气、每个节日都要打交道。甚至不需要一个特别的日子，也可以跟神有个来往。神时时都能遇见。厨房里有灶神，大门上有门神。屋后的树林里有树神，门前的水井里有井神。村边的小庙里有土地神，城里面有城隍。有人作恶多端了，不要担心，有雷神来劈他。才子抑郁不得志，魁星会送一支让他才思泉涌的妙笔。立春迎春神，芒种之后饯花神。干旱时要祭龙神，大暑要送瘟神。中秋祭月神，立冬要唱《玄冥》之歌，祭冬神。过年了，更是所有人与所有神的狂欢节。

中国的神太多了。人间有神，山水间有神，花草树木、飞禽走兽都有神做代言人。要理清一个头绪不容易。记录这些神灵的古书也很多，而且十分纷乱。《山海经》《吕氏春秋》《淮南子》《太平御览》《列子》《史记》《路史》《绎史》等书中都有记载。能不能理清呢？可以的。因为中国也有类似于西方宙斯的这样一位主神。主神确立了，其他神就能看清次序。

中国的主神是中央天帝黄帝。不过要说明白黄帝，还要从春神慢慢说起。

立春之时迎春神。春夏秋冬，每个季节都有自己的神。

春神叫句（gōu）芒，“句”是小草刚刚冒出泥土的样子，头勾着。“芒”是春天刚生出的小叶子上，毛茸茸的小刺。句芒长着人的脸，鸟的身子。手里拿着一只画圆的“规”。春天之时，从东方吹来暖和的风，把大地吹绿。句芒本来的名字叫重，他是少昊的儿子。

少昊的父亲是太白金星，母亲叫皇娥，是天上的织女。她与牛郎的妻子织女一样，很辛苦，每天要纺织到深夜。皇娥在银河西边的穷桑树底下与太白金星相遇，两人相亲相爱，生了少昊。少昊后来到东方建立国家，并且继承了黄帝的帝位。被称为上古“五帝”之一。

少昊的另一个儿子，叫该，后来成了秋神蓐（rù）收。住在可以望见太阳落山的泑（yōu）山。蓐收完全长着人的样子，只是身上有白毛，手是虎爪。一手拿着一把画方形的“矩”，一手拿一把大斧。这斧子表明他还管刑罚。古代要秋后问斩。秋神有杀气。他和句芒，一东一西，手里的“规”“矩”，表明了他们的权威。当然，夏神、冬神手里也拿着他们的象征物。

夏神叫祝融。他又是火神，手里拿着一个“衡”，这是天平的长杆。他是“五帝”之一颛顼（zhuān xū）的孙子。颛顼是黄帝的孙子，后来接替少昊，做了帝王。祝融的名字叫黎。有人说叫重黎。他所做的事，最著名的有三件。一是替颛顼打败了水神共工。共工一生气，撞倒了天柱不周山。天崩地裂，幸好女娲现身，补好了天。二是听颛顼的命令，把天地完全分开。在此之前，凡人也能直接跟天帝联系的。从天梯上上下下。天梯叫建木，就这样毁了。人、神就此渐渐分开。第三件事，是受命于天帝，杀了治水的鲧。鲧偷了天帝的息壤，为人间治水，天帝生气，就让祝融把他给杀了。

冬神叫玄冥。他本来的名字叫禺强。手里拿着“权”，是与“衡”配合着用的计重器，也可以是秤砣。他是黄帝的孙子。黄帝的子孙很多。他是其中之一。他的父亲叫禺虢（xiāo），是东海的海神。玄冥是北海的海神，又是冬神、北风之神。玄冥与父亲禺虢一样，都是人头鸟身，足下踩蛇而飞。

春夏秋冬四神，只是四位天帝的辅佐神，是他们的助手。天上有五位天帝。

春神句芒是东方天帝伏羲的辅佐神。伏羲的母亲是华胥氏，有一天到雷泽去游玩，踩着了一个大脚印，心有所感，后来生了伏羲。雷泽是雷神居住的地方。那大脚印是雷神所留。雷神是一条长着人首的巨龙。所以，后来伏羲以龙为图腾。他是中华民族的始祖，中国人又自称为龙的传人。伏羲创出了八卦，从此人开始拥有智慧，渐渐成为天地之灵。

夏神祝融是南方天帝炎帝的辅佐神。炎帝是代代相传的神农氏。最后一代炎帝被黄帝打败，两族合并。之后，“炎黄”并称。我们都是炎黄子孙。

秋神蓐收是西方天帝少昊的辅佐神。他本是少昊的儿子。少昊在东方创立的王国，都用各样的鸟做各级的官员。

这个“鸟之王国”，春天由燕子掌管，这是自然的。燕子一来，春天就来了。夏天呢，就请伯劳来管理。据说它夏至开始鸣叫。所谓“劳燕分飞”，伯劳来了，燕子就走了。秋天请鹦雀掌管。鹦雀是一种彩色的小鸟，声音却高亢，远远就彼此招呼，通告哪里的粮食丰收了。掌管冬天的是锦鸡。锦鸡有着令人炫目的美。据说“立秋来，立冬去”，去哪里呢？或者就是去承担它管理国事的职责。

冬神玄冥是北方天帝颛顼的辅佐神。少昊死了，到西方做了天帝，人间的帝位留给了他。他死后，成为北方天帝。

所有这四位神，都听命于中央天帝黄帝。一般说到天帝，指的就是黄帝。黄帝也有一位辅佐神，叫后土。后土是炎帝的后代。后土的孙子，就是逐日的那个夸父。后土手里的象征物是“绳”，也就是木匠用的墨斗，用来画线取直的。

黄帝在地上还有一个宫殿，在中国的神山上。这座山叫昆仑山，相当于希腊的奥林匹斯山。对这座山，我做一个简单的描述。

昆仑山的北边是西海。那里有竹可以做最好的管笛。东边是赤水。西边是黑水。南边是沙漠。

这是它的外围。再进去，有一座火山，火山里是不停燃烧的树林。火不大不小。任何东西扔进去，都会立即化为灰烬。奇怪的是，里面却生活着一种大老鼠。老鼠一出火山，用水一泼就死。皮可以做成布，脏了，放火里一烧就又变成雪白。叫火浣布。周穆王曾经得到过。

过了火山，就是有名的弱水。羽毛不浮。弱水里有一种名为猰貐（yà yǔ）的食人怪兽。它长着人的脸，马的蹄子，浑身通红。后来被后羿射死了。

昆仑山有一个叫陆吾的神兽巡山。它长得像一头猛虎，身子色彩斑斓，却有九条尾巴。脸呢？不是虎脸，是一张人脸。

昆仑山有九重，最高城四周有城墙围着。每座墙有九个门。东方一面有开明门，门口坐着开明兽。它长着九个头，每个头上都长着一张人脸。

大城里有五城十二楼。中间长着一株叫木禾的稻子。周围有不死树、琅玕（láng gān）树等。琅玕树上结着珍珠一般的果实，是凤凰的食物。一个叫离朱的神人一天到晚守着，他长着三个头，所以总有一个头可以不睡觉。

在另一个山头上，还有神们的空中花园悬圃，由神兽英招守着。它是一匹长着翅膀的飞斑马，人脸。里面有瑶水，一直流向瑶池。一路上有牛头怪守着。它长得很可怕，有两个牛头，八只脚，却长着一条马尾巴，叫的声音像吹号，而且还是军号。如果有人闯到这里，它朝你一叫，你的家乡就会发生战争。

瑶池呢，住着西王母。她每年农历的三月三都在这里开蟠桃会。各路神仙都来。

你如果也能赶上，吃一个蟠桃，就能长生不老。

可是大禹治水时，为了挖山填海，把昆仑山挖坏了。天帝之都从此废弃。都城没了，神们再来人间，只能住在由凡人给他们修筑的大小不一的庙宇之中了。虽然神受了委屈，但离人倒是近了。彼此可以日日相处。

东西南北中的天帝及其辅佐之神，只是诸神一个粗略的谱系，就像一棵大树的枝干。有了这个枝干，慢慢就能理清中国神的体系了。因为这本书是以上古神话来写中国的上古史，所以不能节外生枝，细细地去讲述每个神灵的来龙去脉。虽然那也非常有意思，但如果那样写，就是另一本完全不同的书了。

为什么讲历史要从神话开始呢？因为在有确实的文字记载之前，人类的历史都是口口相传的。祖先们喜欢用故事来讲历史。时代一久，这些故事在后人眼里就成了神话。

神话，其实就是历史的童话。

中国的神不是自带光环，而是由杰出的领袖擢升为神。神的岗位设定，也围绕着人的生活与劳动，似乎仍是人类社会的翻版。神的法力，无疑是强大的，但只让人敬畏，并不让人惊恐。喜怒无常的神降祸于人的事情，少有传闻。中国的神，只是活得更久的中国能人。因而中国的能人，也很容易转而为神。中国神的队伍可以一路扩大，他们的谱系也杂糅难辨。

所以，我们说上古的神话里，包含着我们的文化基因和文化密码。写这本书,就是试图做一个解读。这是值得解读的。因为那是我们的根，因为那将告诉我们,我们从哪里来,又将往哪里去。我们将真切地明白，我们是谁。

申赋渔

二〇一七年五月二十九日于巴黎

目录

第一章

盘古 女娲

星辰

正在离我们远去

“星辰正在离我们远去。”

哈勃把威尔逊山天文台上那架巨大的望远镜，让给身旁的爱因斯坦。爱因斯坦仰起头，把眼睛贴上镜筒。他细细地观测着，终于回过头来，朝叼着烟斗、一脸忧虑的哈勃说道：

“是的，宇宙在不断膨胀。”

从蛮荒的古代到喧嚣的今天，无数的人们曾一次次仰望这浩渺的天空，想象着宇宙的起源，思索着我们从何处而来，又往何处而去。中国人用哲学发问，希腊人用神话解读，希伯来人以《圣经》启示。人类的追问诞生了一部部史诗，纷纭复杂，真相至今难明。

爱因斯坦拜访了哈勃之后，越来越多的科学家开始相信，宇宙的诞生，是源于一次大爆炸。爆炸的粒子膨胀成了无边的宇宙，里面充满了星云，星云又形成了恒星、行星和卫星。终于有一天，无垠的宇宙之中，汇聚了一条灿烂的星河。一颗蔚蓝色的星球，在这条星光粼粼的大河之中缓缓地转动着——这便是我们的地球了。地球从死寂慢慢有了生机。花儿开满了原野，树木覆盖了群山。小鸟从清晨就开始了鸣啭，黑黑的长夜里，传来野兽忧伤的长嗥。

早在十九世纪中叶，达尔文就用他的巨著论述了人类的起源：生物体由简单向复杂演化了千万年，最终森林里出现了一种长臂的猿猴。猿猴慢慢站立，从远古的幽暗之中，走到了阳光之下。达尔文说，我们人类，就是由这猿猴慢慢进化而来。

这只是科学家们的说法，古希腊人从来不这么认为。他们有自己的想象。他们的想象瑰丽、雄壮，充满着野性。

他们认为，原本这个世界混混沌沌，只有无尽的虚空与无边的黑暗。而这一大团的混沌其实是一个神，名叫卡俄斯。有一天，卡俄斯终于厌倦了孤单的生活,他创造了一位女神。女神美丽优雅,饱含深情,名字叫该亚。她是宽广无边的大地之神，世上所有的生命，都是由她的身体孕育而成。她掌握着人们命运的秘密，能给人们带来最灵验的神谕。她赐给人们美满的姻缘，并给人们带来丰收。她总是手持丰裕之角,里面有着取之不尽的珍宝与食物。当你祈求时,她会慷慨地回应,她是诸神中最慈祥的老祖母。

大地之神该亚创造了天空之神乌拉诺斯。他们结合生下了十二个提坦神、三个独眼巨人和三个百臂巨人。其中最小的那个提坦神叫克罗诺斯。他残酷而狡猾，用可怕的手段赶走了父亲。这样，天空就与大地分离了，给了人与神足够的生存空间。克罗诺斯的儿子呢，就是万神之神宙斯，罗马人称他为朱庇特。宙斯打败了喜欢生吃自己儿子的父亲，成为整个宇宙的统治者。

宙斯住在希腊的奥林匹斯山上。他有着隆起的额头、下垂的卷发和浓密的大胡子。他的左手握着一根权杖，身旁总是伴随着一只凶猛的大鹰。发怒的时候,宙斯会手持大锤,发出可怕的雷电。必要的时候,他会坐在神座上，展示他的威严与公正。不过多数时候，他会溜到平凡的人间去寻欢作乐。他有着无数的情人，以及无数的子女，他靠着庞大的家族，来维持着他的统治。他的统治相当稳固，世界在他的照看下日渐繁荣。

盲眼的诗人荷马，带着神的传说四方吟唱。神的故事从古希腊一直传到了古罗马。有一天,《圣经》出现。于是，人们对宇宙的起源与人类的诞生，又有了新的说法。

《圣经》上说，是神创造了天地。起初的时候，世界漆黑一团，神说，要有光，于是就有了光。神又把天地分开，水陆分离。接着造出太阳与月亮，让世界分出白昼和黑夜。神又在大地上造了草木鱼虫，飞禽走兽，世界变得生机勃勃。这么大的一个世界，要有人来照看，神就照自己的样子造了一个人。这人是用地上的尘土造的，神将生气吹进他的鼻孔，让他成了有灵的活人。这人的名字叫亚当。神造了一个长着各种果树的伊甸园，让亚当居住。亚当一个人很孤独，神又用他的肋骨造了一个女人，做他的配偶，这个女人就是夏娃。

夏娃和亚当受了蛇的诱惑，不听神的警告，偷吃了园中的善恶果。神就把他们驱逐出了伊甸园。亚当本来是可以不死的，可是被赶出伊甸园，就不能永生了。亚当活了九百三十岁。他是用尘土做的，死后，仍然要归于尘土。他和夏娃生了许多孩子，一代代延续到今天。人类就是这么来的。

这三种说法，跟中国人的看法都不一样，然而又都有着某种相似之处。

在中国人的神话里，最早的时候，天地混沌，如一只巨大的圆球，里面睡着一个人。这人名叫盘古，已经睡了一万八千年。

盘古是一位巨人，有一天他醒过来，发现眼前漆黑一团，空间又小又闷，十分的压抑。他用手往外一推，圆球裂了开来。盘古翻过身想要出来，可是一松手，刚刚推开的这巨球的壳又合拢起来。他只好举起双手，把这两片壳完全撑开。撑不开，他就永远出不来。

这壳上面的部分轻而透明，下面一半重而浑浊。上面形成天，下面形成了地。盘古的身子每天都在长高，他撑着的天和地慢慢就分开了。也没有完全分开，天的边际与地的边际还是藕断丝连。盘古一伸手，握住一柄大斧，往四周这么一横扫，天归天，地归地，天地断绝。

天地虽然分开了，可总有个力量让它们要合起来。盘古就变来变去，用了各种手段把天往上举，据说每天要变九次。变成什么样不知道。也许是变成一棵树，或者一座山，什么都行，只要能撑住天。不只是要变，他的身体还要不停地长，每天长一丈。天就每天高上去一丈。地呢，每天增厚一丈。就这样，又过了一万八千年，盘古松了松手，发现好了，天定住，不往下坠了。这天地才算是完全分开。

盘古很累，他往地上一倒，要歇一歇。

盘古这一歇，再也没有起来。他死了。天和地之间，苍茫寂寥、空空荡荡，除了一个盘古，一无所有。

盘古死后，他呼出的气，就成了天上的风云，声音呢，成为雷霆。他的左眼变成了太阳，右眼变成了月亮。他的手脚四肢和身躯变成了连绵的山峦，血液成了奔流的江河。他的筋脉化为纵横交错的道路，他的肌肉成为肥沃的田土。他的头发和胡须，变成了天上的星辰。他的皮肤和汗毛就是遍地的花草树木。他的牙齿和骨头呢，变成了各种各样的金属和矿石。至于人们非常喜欢的光润美丽的宝玉，则是由他的骨髓化成的。盘古开天辟地，要费尽全身的力气，在这天地分开的漫长岁月里，他不知道流了多少汗。这汗呢，就成了天上的雨水，时而淅淅沥沥，时而滂沱如倾盆。

盘古死了。时间缓缓地流淌着。

许久之后，一位神女从天上飞了下来，她飘飘荡荡，独自行走在大地上。茫茫大地上，草木葱郁，鲜花盛开。神女越走越觉得寂寞，终于停住，在一个水塘边坐下来。

这位神女，名叫女娲（wā）。

池水清澈如明镜，女娲从水里照见了自己的样子。她高兴起来，立即用手边的黄泥抟成自己的形状。第一次塑造，并不容易。不只是要做得样子像自己，还要有生命，有情感，有智慧。女娲反复试了七十多次，才造出一个她满意的人来。这小人儿一放到地上，就会跑会笑。女娲立即又造了第二个、第三个。小人儿越来越多。女娲造着造着，累了。女娲想，世界这么大，捏多少的人，才能填补这巨大的寂寞呢？她回头一看，身边多的是枝蔓藤条。她随手折了，编成一根绳子。面前的这个池塘因为抟土造人，已经浑浊了。她把绳子甩在泥水里，然后把这绳子往空中挥舞起来，小泥点雨一样落在地上，刚一落地，立即变成了小人儿。这样造起人来就快多了。小小的人儿在女娲身边已经挤不下，他们不断地往远处跑去。也不知道过了多长时间，女娲的手臂酸了，就休息了。

可是，这样造出的人是会死的。女娲又难过了。等他们全死了，这个世界不就又变得荒凉寂寞了吗？

女娲就把人分成了男女，两两配起对来。这样他们就可以自己生儿育女。于是，人有死有生，就不会断绝了。也不是所有的人都能配成对。后世的人们，有落单了的，就要到庙里去求女娲。

女娲的庙在郊外，人们称她为高禖（méi）之神。古代齐国的社稷、宋国的桑林、楚国的云梦，都是祭祀高禖的地方。祭祀的时候要用猪牛羊这样隆重的“太牢”礼，青年男女们在庙前载歌载舞，寻找各自的意中人。

天文学家们所说的“宇宙大爆炸”，没有说是谁造成的。古老的中国人认为是盘古。而我们的女娲呢，相当于希腊神话里的大地女神该亚。所有的人类，都是她们的子孙。她们都被称为地母，并且是人类的婚姻之神。在《圣经》里，天地万物，都是由上帝造的。而这个工作，在中国就由盘古与女娲分担了。

盘古和女娲离我们已经极其遥远，可是大地上还有他们的踪迹。如果去寻找，就能找着。

据南朝任昉（fǎng）所著《述异记》里说，在南海，有盘古的墓。墓有三百多里长，里面埋的并不是他的躯体——他的躯体早化成我们这个世界上的万物了。这里埋的是他的魂魄。

女娲后来又为人类做了一件大事。有一天，天忽然塌下来，她炼了五色石子，几乎用尽全部的力量，才把天补好。这关系到一场可怕的恶战，发生在黄帝的孙儿颛顼帝的时代，我们下文再叙。

女娲终于还是死了。《山海经》里有个记载，说她的肠子变成了十位神人，住在栗（lì）广之野。由此可见，与盘古化为万物不一样，女娲的身体是转化为人或神的。女娲死后，也在大地上留下一个墓，这个墓在山西省的风陵渡旁。千万年过后，到今天，这个墓变得很小了，高两米，周边三十米。小就小吧，大概也只是葬了魂魄在这里，让人们有个纪念的去处。

“遂古之初，谁传道之？上下未形，何由考之？”这是屈原的《天问》。“江畔何人初见月，江月何年初照人？”这是张若虚的惆怅。

“我是谁？”“我从何处来？”“我往何处去？”对于希望清清楚楚过一生的人来说，这是最有诱惑力的问题。而探索的过程，如同回溯久绝人迹、野草蔓生的千年小道。历史之路，充满着歧路与断途，充满着叹息与忧伤。因其如此，这才成就了诗，成就了哲学，成就了哲学一样的诗和诗一样的哲学。

在创造世界与人类的工作上，中国的造物主，似乎没有神圣的背景。他们靠着努力与勤奋，成就着自己的使命，最终功成身退，化为山河大地。而西方的造物主，出身高贵，最终成为君临天下的统治者。两者的异与同，究竟折射着怎样的文化背景，又为后世的文明带来什么影响？

所谓神话的永恒魅力，至少有一部分，是来源于此吧。

第二章

伏羲

三

在天人之间

他画出一根小小的横线

森林无边无际。

狂风一阵接着一阵，大雨如注。漆黑的夜里，突然一声老虎的怒吼，如滚雷一样，摇荡在山谷。森林一下子安静下来。然而时间不长，就听到小兽们杂沓的脚步由远而近，接着又仓皇地狂奔而去。熟睡的鸟儿也被惊动了，一只接着一只，拍腾着翅膀，飞向树梢的高处。雨慢慢停了，月亮露出来。一声长嗥从林深处响起，随后，四面的群狼高一声低一声地应和着，向森林的中心汇聚而去。

月色朦胧，野兽与怪鸟的叫声使得森林更加阴森可怕。巨树的枝丫上，搭着一座又一座如鸟巢般的房屋。禽兽的骚动，让屋中的人们一次次从睡梦中惊醒，不时有小小的婴孩发出惊恐的啼哭。他们辗转反侧，黎明迟迟不来。

后来，人们把这个时期的人称作有巢氏。

女人们在住所的附近采集树果，男人们就要走得很远了。他们要到更深的林地里去跟野兽搏斗。不过无论走得多远，他们都认识回家的路。辛苦捕获的野兽，虽说可以趁热吃，可是肉连着毛，要锋利的牙齿才能撕开。血也是腥的，喝一口，有些呛人。他们的肠胃常常不舒服。

他们没有火。他们甚至视雷电引起的大火为怪物，避之唯恐不及。多少年过去了，有一天，偶尔有人尝了意外烧死的动物，味道竟然鲜美无比，尝过了就再也不能忘记。大火是可怕的，你只能远离它。只有等它熄灭了，才可以靠近。可是熄灭的火既不能给你温暖，也无法带来美味。

饥饿、寒冷、疾病，生存环境极其残酷，弱小者纷纷死去，强壮者要面对来自更强壮的虎豹豺狼的死亡威胁。人类到了生死存亡的关头，寻找火源是种族存活的希望。

在人类前行的历史上，总有一些人在关键时刻，肯舍出自己的性命，挺身而出。寻火者接连倒在陌生的路途上。

其中有一个走得特别远。

太阳不见了,月亮也消失了,眼前黑黑的一片。可是在这黑暗当中，又透出星星点点的光来。他朝着这光走去。

把黑暗的世界照得璀璨明亮的，是一棵参天大树。树冠盖住了一万顷的大地，仰头看上去，繁茂的枝叶掩映在云雾之间，树顶似乎跟天一般高了。无数的鸟儿在枝叶之间盘旋跳跃着，不停地用嘴啄着杈枝和树干。每啄一下，就冒出火星。也许总是在啄火，鸟儿的嘴熏成了黑色，身上的羽毛也是黑褐色，只有肚子下的羽毛才是白的。在鸟儿频繁的啄击之下，火星一粒接着一粒，飞舞着，碰撞着，如无数的火花开在了天空，又像是灿烂的繁星闪烁在苍穹。大地也被照得色彩斑斓，透着一种奇幻的缤纷之美。

这棵发光的火树叫燧（suì）木，燧木笼盖的地方叫燧明国。这个国度里生活着许多人，他们自由自在，如神仙般有着不死之身。可是他们并不总是活着，活到有一天，他们觉得厌烦了，就升天而去。

寻火者终于找到了火的起源。他捡起一根小小的树枝，学着鸟儿的样子敲着、打着、钻着，费了很长时间，终于也生出了火来。他没有在这个不死之国作丝毫的停留。他转过身，直奔故乡。

刚刚回到森林里的故乡，得知讯息的人们从树巢中，从林深处，从野兽出没的山谷里，四面聚拢而来。他用一根木头，使劲地钻着另一根木头。旋转着，旋转着，终于冒出了烟，他更努力地旋转，火，从木头当中吐了出来。人群一阵欢呼，火光照亮了黑沉沉的大地，凶猛的野兽四散而逃。火带来了光明与温暖，驱散了悲伤与恐惧。人成为真正的大地之子。

火的使用，让人与动物彻底分离。

而带来生命之光的寻火者，在希腊神话中是盗取天火的普罗米修斯，在中国叫燧人氏。

火给人们带来了新的生活和新的传奇。传奇应该记录，因为传奇就是智慧和希望。记在哪里呢？还是这个燧人氏，他创造了结绳记事的方法。人们把想要传达的一切，都打成结，一个一个结在长短不一的绳子上。打满了结的绳子就挂在屋檐底下。一根根，在风中摇曳。结绳记事，记录的是远古的故事。一些随风而去了，另一些，留给了我们。

屋檐下飘飘荡荡的绳子，终于引起了一个人的注意。

他手握结绳，仰头观看日月的起落和满天星辰的聚散。他攀爬到高山之巅，眺望着河流的远去与山峦的起伏。他追踪着禽兽的形迹，又探寻龟鳖的浮沉。他知道，宇宙万物之间，有着一种神秘的联系，这联系当中，又藏着一个大秘密。

他摆弄着已经破旧干枯的结绳，一根一根，细细地阅读着前人留下的记忆。他揣摩着、苦苦思索着，然后，在地上画下一条细细的横线。

这一画，像在黑暗的夜里划出一道裂缝，人类的大地上透进了黎明的曙光。天、地、人就此打通。一条细细的横线，把三者神秘地联系到了一起。

小横线象征着天。在这小横线的旁边，他又画了一条断了的线，像绳子中间打了一个结。断线象征地。

灵感如江河之水，一发不可收拾。他左一道，右一道，没日没夜地画着。终于，他画出一个必将流传千古的图。

这是中国人的“八卦”。

简简单单的三根线，上下排成一个小图。线或连或断，小图的涵义就在这断连之间变化着。八个卦象乾、坤、震、巽、坎、离、艮、兑，象征着天、地、雷、风、水、火、山、泽，分成八个方位，雪花一样地排着。宇宙和人世间的奥秘就在其中。

画出八卦的，名叫伏羲。

伏羲出生在一个半人半神的国度。这个国度太远了，人去不了，只能在想象中神游。那里的人入水不溺，入火不热，如神仙般在天空中走来走去，雷电不能扰乱他们的听力，云雾也不会遮挡他们的视线。他们没有痛苦与忧愁，活得悠闲自在。这个国度叫作华胥氏之国。

伏羲的母亲是这个仙人之国的一位圣女。有一天，她到雷泽去游玩。这是雷神的领地，到处有他留下的巨大脚印。或许是因为好奇，或许是由于一种神秘的求子仪规，她踩进了巨人的脚印。一道彩虹立即环绕了她，她在缤纷的色彩中一阵眩惑。彩虹消失了，她的心里仿佛有了某种感应。过了十二年，她生下了伏羲。

伏羲长大的时候，燧人氏已经垂垂老矣。伏羲接了燧人氏的位子，被尊为人王。

把房子像巢一样筑在树上，没办法搭建得多舒服，上上下下也太不方便。何况有了火，野兽对人开始惧怕了。伏羲让人们从树上迁下来，移居到大地上。人们也不能再混居在一起，要分族而居。同族之间的人不能通婚。伏羲给想要结婚的人订下了礼仪。娶妻的人，必定要送对方一对好鹿的皮子，这是聘礼。这样结合在一起的人，是有福的，他们将繁衍出聪明的子孙。

伏羲的照管，使人类变得兴旺了。他见大家活得艰难，又教大家把猎来的野兽驯养起来。这样就有了家畜。“家”，就是在屋子里养上驯服的动物啊。也就是这个时候，我们的祖先才真正有了自己的家。有家的人，就不用每天去与虎豹争食了。伏羲看大家的食物还不够丰富，又教他们结网，以便去河里捕鱼，甚至捕天上的飞鸟。这样，陆上走的，天上飞的，水里游的，都可以作大家的食物。

吃饱了的人们，有了闲暇，一群一群聚在空地上，心里涌动着各样的情绪，于是手舞之，足蹈之。伏羲看大家情动于衷，又无以表达，就用土烧出有五个孔的陶埙（xūn）。埙的声音太苍凉了，听了让人心碎。伏羲又造出五十根弦的瑟。到了黄帝之时，觉得这瑟的声音也过于忧伤，就改成了二十五弦。由这两件感伤的乐器来看，伏羲的心里有许多的不舍，他对人民充满了悲悯，可是他已经老了。他不知道，因为他，文明的光已经照在了广袤无边的大地上。

伏羲死后，人们尊称他为太昊。据说伏羲长着龙的模样。他的出身与雷神有关，而雷神是人首龙身。伏羲统一了很多部落，以龙作为共同的图腾。在伏羲的时代，龙并不只是一个传说，而是真实存在的。据说到夏朝时，还有人见过。那些专门与龙打交道的人，就叫作豢（huàn）龙氏、御龙氏。龙有着超自然的神力，能给人带来祥瑞，适合用来做图腾。于是自伏羲之后，人们就自称为“龙的传人”。

伏羲的陵墓在河南的淮阳，叫太昊陵。陵很大，占地八百七十五亩。人们从来没有忘记他做的这一切，直到今天，每年农历的二三月，都有几十万人到他的墓前祭祀追思。

伏羲死后，灵魂升天，做了东方的天帝。辅佐他的是句芒。句芒是西方天帝少昊的儿子，名字叫重。不知道因为什么缘故，分配给东方天帝伏羲做了春神。

东方天帝和句芒管什么呢？管春天。天帝说春天什么开始，就什么时候开始。伏羲当了天帝轻易就不露面了，所有的事都指派句芒来做。人世间慢慢就只知道句芒，到处建他的庙。庙不大，就建在东郊的山林里。

句芒的名字很有意思，“句”，就像一个刚刚出土的小芽，勾着头，嫩嫩的。“芒”呢，说的是新生的叶子，毛茸茸的，还有点小刺。请他做春神，那是最确当不过了。

每年立春的前一天，要去山上迎句芒神。寂静的郊外突然变得骚动起来。远处的村边小道上，一条长长的充满威仪的队伍逶迤而来。从那非同寻常的鼓乐声就可以听出，是天子前来迎春了。满天的青旗，掩映着天子和他身后的三公九卿，一路浩浩荡荡。

叩拜句芒的礼仪庄严而隆重。在跪拜之后，天子高高举起酒爵，然后徐徐泼洒在句芒面前的地上，接着又是跪拜。礼罢，人们给句芒神让出道路，乐工们高奏鼓乐，句芒在人们的簇拥下向都城进发。稳稳站立在壮汉们肩头木板上的句芒，人面鸟身，方脸，神色端庄，目视远方，仿佛随时都会展翅高飞。头顶上，青色的春幡迎风而舞。在他旁边站着的，是一头雄壮有力却又憨态可掬的泥牛。

句芒进城的路上，欢迎的人群挤满了道路的两旁。扮成春官的孩童，一路奔跑着，欢呼雀跃，边走边喊：春到了，春到了。春神一到，迎春、樱桃、玉兰就次第开放。于是一路的百姓也随之奔走相告：春天来了。

句芒从眼前过去，许多手持红蜡等候的人，便相互招呼着，交换手中的红蜡，交换彼此的财运和祝福。

山里面还料峭着寒意呢，被这么一闹，天地仿佛立即苏醒了。一年之计在于春。春天及时醒了，这一年必然丰收。祈丰收、祭春神，是家家户户的事，也给每个人带来快乐与祝福。

中国人在春天到太昊陵祭祀伏羲，或者到山上去迎接春神，在热闹中带着虔诚，这就是所谓的中国人情。有了人情，就有了温暖，就有了割舍不了的爱。人情在故乡是最多的。所以无论去了哪里，离开多久，中国人总会想念故乡。

曾经遍布神州大地的春神庙，如今仅存一所，在浙江衢州的妙源村。迎春神的仪式与其他许多古老的风俗一样，随着时代的变迁，在慢慢消失，更多的，已经不复存在。

春神没了庙，他会住到哪里去呢？人们不再关心。人们早把他给忘了。与之一起逝去的，还有传唱了五千年的农耕歌谣。

第三章 神农

三

他尝遍了百草

咀嚼每一根草都是一次冒险

伏羲不在了，升天当了东方的天帝。只在春天到来的时候，才吹起暖风，叫万物苏醒，让花儿次第开遍大地。人们自在地漫游着。饿了就猎杀林中的野兽，渴了就从枝头上摘一只果子。寒冷与黑夜已经不再可怕。他们随时能生起熊熊的大火，烤整头的肥鹿、山羊和野猪。在一片森林间住得久了，住得够了，就换另一片。他们无拘无束，不断地迁徙，在迁徙的路上繁衍着后代。漫长的时光如和缓的水流，潺潺地流淌着。在这宁静与美好之中，人口在渐渐增多，野兽却在不断地减少。

人与自然的平衡，就这么脆弱，而平衡一旦失去，人重又面临万劫不复的深渊。

饥饿开始笼罩茫茫大地。

野兽仓皇地朝远方逃去，人们完全赶不上动物逃命的狂奔。那些被豢养在木栅栏里的动物呢，甚至等不到长大，就被吃掉了。树林里的野果也越来越少，采集的女人们天刚亮就要出发，到天黑回来，也采不满一篮子。

大地上变得冷清、萧索，甚至荒凉。

孩子们的哭声有气无力。男人们跑出去一天，都看不到一头小兽。河里的鱼也越来越少，几乎捞上来的每一网都是空的。女人们采集来的果实没法养活一家人。饿急了的人，抓到什么都往嘴里送，树皮、草根，甚至有毒的蘑菇。不断有人饿死。森林边，旷野里，河滩上，常常有人走着走着，就倒下来。火堆旁边再也没有了歌舞与欢笑。团团聚着的人们，几乎都无法站立了，一个个或坐或躺，发出痛苦的呻吟。

人们绝望地朝苍天呼喊着，而天空中，只有死神的影子飞来飞去。

神农是在人们最无助的时候出现的。那时，他还不叫神农，更没被人们尊为炎帝。他只是饥饿人群中的一个。

他离开羸（léi）弱不堪的人群，走到旷野当中。他已经饿得头晕目眩，随手摘一些草茎和草籽放在嘴里咀嚼着。苦的、酸的、甜的、涩的，可是哪种可以填饱肚子呢？神农在杂草丛中躺下来，悲哀地仰望着苍白的天空。

一只大鸟从天边飞过来，越飞越近，红色的羽毛像火在烧。大鸟的嘴里衔着一根长长的奇怪的草。飞过神农的时候，大鸟嘴一张，草落下来。神农捡起来一看，竟是一根长着九个头的谷穗。捻一粒放在嘴里一嚼，香喷喷的。神农把剩下的栽到了土里。第二年，这块地里竟长出了一大片谷子，有稻，有黍，有稷、麦和菽。《绎史》上说，五谷是如雨一样从天上落下的，落了很多。又有人说，是神农尝草挑选出来的。说法很多。总之，因为神农的缘故，土地成了人们新的依靠。土地从来不辜负人类，它将给我们一切。

谷子下种之前，大地上遍布着荆棘和杂草。神农放一把火，火蔓延开来，所过之处，草木化为灰烬，土地变得一望无际的平整。当雨水熄灭了大火之后，草灰揉进了泥土，立即成为泥土的肥料。也许因为神农善于用火，人们又称他为炎帝。

土地已经平整而肥沃。人们用削得尖尖的小棒，在泥土上挖出一个个小坑，然后把种子放在这小坑之中。

土地在第一年是慷慨的，它给人们以丰收。然而第二年，同样一块土地，就不能再长出茂盛的庄稼了。人们只得开垦新的土地。这样的劳作是繁重的，虽然不会饿着，却要常常累倒。神农改进了挖土的木棒，做成可以翻土的耒耜（lěi sì）。泥土经过这样一翻耕，立即焕发出新的活力。据说这个发明，是他看到野猪用长嘴拱地生出的灵感。神农发明的耒耜，是多古老的农具啊。二十多年前，在我的故乡，我还看到过它的影子。虽然人们已经把它改进成更方便的木犁。

有了耕种的农具，土地就像有了生命，它不断地给人们带来丰盈的收获。人们选好一块土地，就此安居。他们就把自己的命运交给这块土地。时间一久，无论它贫瘠还是肥沃，人们也不再离去。他们生于斯长于斯，病老而死了，就埋骨于斯。这个地方就是家乡。农耕民族往往安土重迁，正是因为土地的慷慨与诚信。只要播种，就有收获。

屋子的旁边栽上树，院子里挖一口井。人畜要饮水，土地要浇灌。神农曾经挖了九眼井。如果在一口井里打水，其他八口井里的水都能晃动。一眼眼井，像大地上的眼睛。井水倒映着蓝天，人就快活地行走在这天地之间。

厨房总在井的边上。人们的食谱已经丰富起来。有五谷，有瓜果蔬菜，还有鸡鸭鱼肉。丰富的食物，需要丰富的器皿。神农不是善于用火吗？他用泥土烧制出各种不同的陶器。厨房里立即就琳琅满目了。这样的家才是好的，才叫人牵肠挂肚。人们感谢神农给了大家一个像样的厨房，就尊他为灶神。当然，这只是他的兼职。他在上天还有更重要的位置。

吃饱了的人类，对身上的衣服又不满意了。原先的衣服是用树叶或者兽皮做的。既可遮羞，也能防寒。不过，这样的衣服既不舒服，也不美丽。甚至没有野兽天然的皮毛好看。神农在分别五谷的时候，发现了一种叫麻的东西。把麻的皮剥下来，用刀片刮一刮，刮成一缕一缕的，放在太阳底下慢慢地晒。等它干了，就可以编织成布匹，做衣服了。这样一来，衣服就可以按自己的想象，做成各种不同的式样了。或许人类的审美，便是从身上这衣裳开始的。

有了家，人们终于过上了安宁的日子。时间一长，粮食和器物就有了剩余。神农看这样很是浪费，就教大家拿出来，彼此交换，互通有无。这样的交换是快乐的，大家总能换来自己喜欢的东西。为了交换方便，神农把时间定在日中。

太阳直直照在头顶的时候，大家呼朋引伴，有牵着牛羊的，有扛着粮食的，有背着瓜果的，一起聚到村旁的空地上。有人面前已经摆放起大大小小的陶器，都是日常家用的，有罐有钵，有盆有瓮，虽然粗笨，倒也结实。也有人的面前放着穿了孔的蚌壳、骨头做的凿子等等，这是手巧的人。家里有的东西，几乎都可以拿出来。这样的交换，慢慢就成了市集。人们不只是在这里交流物品，还交流他们生活中的快乐与悲伤。他们在此寻找情感与慰藉，同时觅求他们的未来与希望。

市集的热闹中又隐藏着悲伤。因为生活的富足，并不能躲开生老病死。人们很容易生病，生病了就只能在苦痛中等待着死亡。

神农炎帝的女儿们就是这样死去的。

第一个女儿死了，神农把她火化。她的身体在火光中化为灰烬，消失了。可是空气中好像又有她的影子。那影子随着风的吹动而飘荡。人们说她跟神农炎帝的雨师赤松子一样，成仙了，住到了昆仑山上。

神农的第二个女儿还没有结婚就死了，死后化作姑瑶山上的一种神草。这种草叶子对生，一层一层地往上长。花是黄色的。结的果子小小的，灰褐色，上面凹凸不平，就像菟丝子的果色一样。《山海经》上说“服之媚于人”，如果吃了这个果子，就会招人喜欢。

最让神农痛不欲生的，是他可爱倔强的小女儿也死了。她还是一个小女孩，到东海边去游玩，竟被海水淹死了。神农一直在等她，可是她再不能回来了，她变成了一只白嘴赤足的鸟，嘴里喊着“精卫”“精卫”，整日在大海上盘旋。她恨这大海让她再不能回家，发誓要把这大海填掉。她从发鸠山上衔来小树枝和小石子，一次次投在这大海中。她来来回回地飞着，一趟又一趟，永不停歇。可是无论多么累，它也决不喝一口淹死自己的那片海的水。小小的女孩，竟有着这样刚烈的心。人们对它既怜且爱，有人叫它誓鸟，更多的人叫它帝女雀。

三个女儿的死，深深刺痛了神农。他要对抗病痛和死亡。

神农放下一切，孤身走进了莽莽的山林。自然中的草木可以化为粮食，当然也能疗治疾病。只要去寻找、辨别和尝试。

神农不知道怎么得到了一根赭鞭。用它来鞭打草木，就能知道草有毒无毒，是温是寒。可是赭鞭也不十分精确，要真正弄明白草的药性，还是要亲口去尝试。

咀嚼每一根草都是一种冒险。苦涩、麻辣、疼痛，也有甘甜。你永远不知道下一口是什么味道，下一次意味着什么。神农几乎每天都走在死亡的边缘。曾经在一天里，他就吃到了七十种毒草。脸色由白到黄，由黄转黑。所幸毒性不大，他又发现一种叫茶的树叶可以解毒，也就撑过去了。冒死的尝试，有了巨大的收获。神农把草药采摘回来，一样一样把药性告诉人们，让他们煎熬成药。各样的病人，从垂死中，慢慢好了起来。病痛，曾经是怎样的一种绝望啊。如今神农尝百草，竟然能起死回生。这既让人惊骇，又教人感激。

神农把他尝过的药，一样一样传给了后人。后人怕忘了，就收录在一本书里，书名叫《神农本草经》。

这是中国最早的医书了。里面收了三百六十五种药物。书中说，药物有“四气五味”。药物有寒、热、温、凉四种不同的气，又有酸、苦、甘、辛、咸五种不同的药味。每味中药的四气五味都不同，四气配五味，能治百病。这是一本相当细致的书，每味药都标了药性，然后再说它的功效和它主治的病症，让人一目了然。

真正的好书，有时候要用性命去换。

神农想治好这世间所有的病。他的女儿已经死了，他希望这样的悲剧不要重演。他总认为，所有的病毒都有药物可以克制。他就无休无止地去采摘，去尝试。终于有一天，他吃了一种剧毒的草，死了。这草开着像小喇叭一样的好看的黄花，叫断肠草。

神农因为尝百草，离家已经很远了，死了之后，就埋在当地。现在他陵墓所在的地方，就叫炎陵县。正月初五是他的生日。人们在这一天从四面八方前来祭祀他。炎帝坐在高高的石台上，头上长着两只角，手里捧着五谷，面相慈爱温暖。人们点上香烛，念着祷词，朝他恭敬地行礼。在神农面前，人们没有祈求，唯有感激。

神农不在了，人们奉他为南方天帝。他的后代里，有水神共工、土神后土、逐日的夸父，还有时间之神噎鸣。人们把继承他位子的一代代王都叫作“炎帝”。炎帝一族跟黄帝一族发生了猛烈的战争。炎帝战败了，两个族群融到了一起。中国人又称自己为炎黄子孙。

神农的母亲名叫任姒，在华阳山游玩的时候，遇见了长着龙头的神。回来之后，生了神农。神农生下来，长着牛头人身，他就以牛为他这个族的图腾。

牛整日在大地上耕耘，任劳任怨，至死方休。“俯首甘为孺子牛”是神农的人生。种植、耕作、挖井、尝草、治病，任何一项业绩都足以无愧一生了，他却能一人全部包揽。这段史实无法考证真伪，也许是把众人的发明合而为一了，然而这是中国早期文明进程的一个美丽的浓缩。可以这么说，牛，不仅是神农，也是整个农耕文明的象征。

第四章

黄帝

他是中国人的精神图腾

他一次次鼓动起中国人身上的勇气

中国史书上记载的第一场惨烈的战事，终于不可避免地拉开了序幕。

战争，从这一时期开始，成为历史起承转合的重要章节。无论所谓“正义”也好，“非正义”也罢，其后果都是相似的，就是生灵涂炭。

神农氏的位子传到最后一代炎帝榆罔时，国势已经十分衰落，四方的诸侯相互攻打，战火连绵不绝。为了安定天下，炎帝带兵四处讨伐，不断的战争，又让他愈加疲惫不堪。

多年混战之后，天下势力强大的，剩下三家。炎帝在西方，蚩（chī）尤在东方，黄帝在北方。一时之间，陷入僵持。僵持只是暂时的，就像狂风暴雨前那片刻的宁静。更为血腥的战争，正在远处的乌云当中酝酿着、发酵着、膨胀着。

大战一触即发。

黄帝与炎帝是同母异父的兄弟，母亲是有蟜（jiǎo）氏。黄帝住在姬水旁，炎帝住在姜水旁。一个姓姬，一个姓姜。黄帝不断向外发展，势力已经从西方覆盖到北方。炎帝朝着东南进发，蚩尤由东向西推进。两军眼看就要兵锋相接了。

神州大地的上空，沉闷的雷声滚动着，越来越近。

在这场战争中登场的黄帝，日后成为远古时代华夏民族的共主。传说中，黄帝生而神灵，出生几个月就会说话。少时思维敏捷，青年时敦厚能干。面对遍地战火，民不聊生，必须以战争来制止战争。

远古时代的中华领袖，已有成熟的智慧，黄帝认为人才才是决定战争胜负的关键。可是贤才在哪里呢？黄帝辗转反侧，夜不能寐。

疲倦不堪的黄帝终于睡着了。他做了一个梦。在梦里，一场巨大的龙卷风，吹走了全天下的尘垢。大地上变得干干净净。随后，一个人手持着千钧重的弩弓，竟然驱赶着上万头羊的羊群，奔腾而至。黄帝一惊而醒。他细细地琢磨着：这是上天送给我的贤才啊。于是他依照梦里的情形四处寻访。很快，他就在海隅找到了风后，在大泽遇见了力牧。风后聪颖过人，不仅会发明创造，还能演练阵法。力牧呢，果然力大无穷，而且射得一手好箭。黄帝请风后为相，拜力牧为将。黄帝拜将的地方今天还在，人称“力牧台”，又叫“点将台”。

有了贤相良将的辅佐，黄帝国力大增，四方诸侯纷纷归顺。天下英才听说黄帝求贤若渴，于是纷至沓来。大挠、仓颉（jié）、岐伯、隶首、伶伦，个个都有着惊人的才艺。

黄帝这里“习用干戈”，驯兽练兵，那里炎帝与蚩尤已经短兵相接。

蚩尤统领的是九黎族。他手下有如狼似虎的八十一个弟兄，个个行动如风，勇猛无比。蚩尤就更是巨人中的巨人了。他长着豹子一般的头，头上还生了两只角。一双手，如老虎遒劲的利爪。他一手握着长戈，一手持利剑，发怒的时候，耳朵旁边的毛发一根根竖立着，如剑戟一般。他的食物也不寻常，是沙砾、石子，甚至是坚硬的金属。这些东西吃下去，性格就像霹雳一般火爆。

一场恶战下来，炎帝不是蚩尤的对手，仓皇北逃。跑到阪泉，刚要喘口气，前面的旷野中，如乌云般突然涌出无数的人与兽来。

是黄帝的部队。

炎帝已经没有了退路，只好与黄帝决一死战。阪泉外的原野上，大风劲吹着长草，乌云如野马般飞奔在头顶。大地颤抖着。

黄帝驱使着熊、罴（pí）、貔（pí）、貅（xiū）、貙（chū）、虎走在前面，野兽的咆哮声惊天动地。天空中盘旋俯冲着雕、鹖（hé）、鹰和鸢，凄厉的鸣叫令人心惊胆寒。潮水般的人群，挺着长戈，挥舞着剑斧，呐喊着直压过来。人兽混杂在一起，人与人，人与兽贴身肉搏，吼叫声、哀嚎声，刀砍斧劈声，震撼着天地。

恶战一连打了三场，鲜血如河水一般流淌在大地上。已经是疲惫之师的炎帝军队一败再败，他再也无法坚持了，只好投降。炎帝的部族全归了黄帝。两个大族就此合并。他们的后世，从此就自称是“炎黄子孙”。

炎黄两族合并后，蚩尤觉得危险迫在眉睫。他立即联合东方、南方，甚至北方的众多部族，浩浩荡荡，杀气腾腾地来与黄帝争夺天下。这个争夺，关系到对整个中华大地的冠名权。

黄帝刚刚打完与炎帝的恶战，在离阪泉不远的涿鹿安顿下来，正要休养生息，突然之间，敌人就出现了。

黄帝依然摆出了野兽、猛禽与人混合的战阵。

蚩尤的阵势没有这样惊人。几个士兵随着一个巨人，三三两两，四散而开，缓缓地朝前推进。走得近了，就能看到他们一个个面目狰狞，浑身杀气。他们手里的大刀长矛，一件件磨得雪亮，在阳光底下几乎要晃瞎人的眼睛。这些精良的武器，每一件都是千锤百炼而成，锋利得可怕。他们这个族，发明了许多可怕的兵器。黄帝的武器是远远不如的。士兵们远远放起箭来，谁知道蚩尤的兵马毫不在乎。这些木箭和石箭，对他们没有损伤，他们的身上像是穿戴着盔甲。盔甲不知道是什么材料制成，后世的人用“铁头铜额”来形容。

野兽猛扑而来，蚩尤的士兵们也冲上前去。手起刀落，豺狼的头颅被劈开，虎熊的胸腹也被划破。凶猛的野兽，遇到如此可怕的武器与凶狠的敌手，竟如送上前去待宰的羔羊。垂死的号叫使得后面的野兽变得畏畏缩缩，继而四散而逃，甚至冲向了黄帝自己的队伍。蚩尤的手下，多的是神箭手，天上的猛禽远远就被射落下来，一只连着一只。飞禽乱哄哄地鸣叫一番，飞走了，天上只剩下一片片纷乱的羽毛，缓缓地飘落。

黄帝的士兵们完全袒露在荒凉的原野上。

战斗还没有真正开始，就输了第一阵。黄帝挥挥手，士兵们退了下去。

黄帝征集了更多的人马，把蚩尤的士兵包四周围住。他们慢慢地挤压过去，想把敌人扼杀在中间。

彼此还没有接触，就起雾了。

莽莽苍苍的雾，笼罩了一切，面对面只能看到人影，完全分不出敌我。喊杀声骤然响起。蚩尤的士兵们似乎靠人的气息就能区分彼此，他们在浓雾中如入无人之境。黄帝的士兵毫无反抗之力，周围不时传来士兵们临死前的惨叫。人影幢幢，许多人直到刀矛近身的那一瞬，才知道死神已至。黄帝赶紧收拢部队，人靠人站着，一动也不敢动。

大雾持续了三天，不知道多少人，糊里糊涂就倒在这重重的雾幔当中,眼看黄帝的人马就要全军覆没。危急之中,风后造出了一辆车子。车子上站立着一个小人，小人伸出手臂，直直地指向前方。不管车子驶往哪里，那小人儿的手臂总是指着南方。有了这辆“指南车”，黄帝终于辨出了方向，慌忙带领手下撤出这可怕的战场。

大雾散了。战争还在继续。

蚩尤又召唤出许多可怕的妖怪。一种妖怪长得像龙，然而没有脚，叫魑（chī），能吃老虎，当然更能吃人。一种妖怪长着人的脸，兽的身子，喜欢发出一种妖媚的声音来迷惑人，叫魅。魅把人迷惑过来了，由魑一口吃掉。另一种叫魍魉（wǎng liǎng）的妖怪就更可怕了。它模样像个小孩，长着一头飘逸的秀发，长长的耳朵，眼睛里透着红光。可是你看不到它,它就像影子外层的那层淡影。它隐着身子学人说话,听了它的话，人就变得昏昏沉沉，只好任由宰割。还有一种只长了一只手一只脚的妖怪，有着人的脸、兽的身子，躲在旁边不停地打呵欠。人听了，眼睛就慢慢合上，不知不觉，就睡倒在战场上。这么些妖怪一出来，黄帝的士兵们一下子乱了，立即又败退下来。黄帝经过多方打探，知道这些妖怪怕听到龙叫。他让士兵们用牛角做成无数号角，模仿龙吟的声音，突然四面八方吹出来。妖怪们一听，立即跑得无影无踪。

知道敌手害怕龙，黄帝高兴了，他就有一条龙。这条龙长着两只翅膀，有着锋利的爪子和尖利的牙齿，嘴里能喷出大水，名叫应龙。据说普通的龙要长一千年，才能成为有翅膀的应龙。它是龙中之龙。

应龙应召而来。黄帝立即指挥着部队朝蚩尤猛扑过去。应龙张口长长地吸了一口江水，飞到蚩尤人马的头顶，一口喷了下去。水如河一下倒下来，可是这水并没有浇到蚩尤大军的头上，反而化作倾盆大雨朝黄帝的部队灌过去。天上的应龙也被风雨吹得踉踉跄跄，惊惶失措地飞了回来。

蚩尤挥舞着手中的长剑，士兵们冲杀过来。站在蚩尤的旁边，催动风雨的是两只神鸟。一个叫风伯，一个叫雨师。

风伯又名飞廉，长着鹿的身体，皮毛像色彩斑斓的豹。头像孔雀，然而上面又长着角。身子后面的尾巴长长的,像一条蛇。雨师又叫商羊，只有一只脚,跳跃着往前。它的身体能大能小,一口就能吸干渤海的水。

有了这两只神鸟的协助，蚩尤又一次打败了黄帝。黄帝已经连败九仗。天上雷电交加，风雨一阵大似一阵，黄帝的部下人人灰心丧气，哆哆嗦嗦地缩成一团。水攻的法子是黄帝想出来的，没想到害了自己。黄帝没办法，叹口气，只好让女儿出来收拾这个残局。

黄帝的这个女儿叫魃（bá），也叫旱魃，长相相当难看。她的个子十分矮小，头是秃的，没有一根头发，走起路来飞快，身上总是穿着一件青色的衣服。魃住在遥远的“共工之台”上，从来不与人相见。她的身体里有着可怕的热量，只要到人间走一走，就赤地千里。黄帝不到万不得已，是不让她露面的。

魃一来，云收雨散，风伯雨师不管怎么作法也无济于事，天空露出火烧一般的太阳来。蚩尤大吃一惊，暂时收兵回去。

双方陷入僵持。

黄帝的手下，能上阵作战的猛将不多。一个力牧，也不能赢蚩尤，现在还要靠扇着翅膀的应龙来支撑。魃因为使了法术，能量大减，回不去天庭。而且也不能再请她上阵。因为炎热是两方都经受不了的。她走到哪里，哪里就热得可怕。黄帝让她住到赤水之北，不要再出门。

然而黄帝的文臣很多，终于有人给他献了一条计，黄帝觉得很好。

有人探听到，蚩尤和他的手下们行走如飞，神出鬼没，如果有一面大鼓，使劲一擂，他们就会腿脚发软，浑身无力。不过这面鼓不容易造。

造鼓先要找到一种叫夔（kuí）的神兽。夔住在东海的流波山上，是一种只有一只脚的牛，只是头上没有角，而且会说人话。它可以自由出入大海，来来往往的时候，会有风雨伴随。最重要的是它有雷一般的吼声，听到的人会吓得肝胆俱裂。黄帝派人去把它杀了。应该也是用了什么计谋。夔皮剥了，要晾干才能蒙成鼓。

这时候，去取鼓槌的人也赶了回来。

好鼓要重槌。槌要雷神的骨头来做。雷神长着人的头，龙的身子，住在雷泽里。偶尔它会拍打自己的肚皮，拍一下，就是一声炸雷。黄帝派人去雷泽里杀了它，带回来一根大骨头。

万事俱备。黄帝把用夔皮做成的大鼓装在一辆大车上。这大车也是风后和力牧新发明的。一个巨大的汉子双手举着雷神之骨做成的鼓槌站在大鼓的后面。士兵们簇拥着大车，潮水般朝蚩尤的战阵涌过去。蚩尤那边发出惊天的呐喊，也朝这边猛冲过来。

两边的人潮交汇，混杂在一起。大车上的巨汉使劲地擂起鼓来。这鼓声如可怕的霹雳，一声声震撼着天地，五百里外都感到地动山摇。战场上日月无光，蚩尤的士兵们在这隆隆的鼓声当中，失魂落魄，溃不成军。黄帝这边的将士却是越战越勇。不知道过了多久，鼓声停歇，空气里回荡着嗡嗡的声音。原先撕心裂肺的咆哮、嘶喊与哭叫，慢慢静下来。尸体布满了整个荒原。浓浓的血腥，四处弥漫，久久不散。

蚩尤被俘了。他的部下大部分被杀死，只有一小部分逃往遥远的南方。

黄帝惊奇地发现，在俘虏当中，竟然还有比蚩尤更高大的巨人。一问才知道，是夸父族。

夸父族住在北方的“成都载天”山，虽然个个是巨人，性情倒温和，从来不问外界之事，只是安静地过自己的日子。夸父族引起世人的注意，是他们中有个人突然跑出山，要跟太阳比一比谁跑得更快。

夸父逐日的消息惊动了整个世界，人们奔走相告，苦苦守候在道路的旁边，要看一眼巨人的样子。

夸父大步流星，如风中的影子，一晃就过去了，根本看不清。他越走越快，到傍晚的时候，终于在禺谷追上了太阳。夸父张开双臂，想一把抱住太阳。他完全忘了，太阳是一个可怕的火球。被烫到的夸父赶紧退开去，可是因为离太阳太近了，又累了一路，他吃不消这巨大的烧烤，觉得口干舌燥。夸父一低头，看见两条细细的河水。他伏下身子，才几口，就喝干了黄河和渭水。这完全不能解渴，夸父又转身往北。他知道雁门关外有个大泽，那是一片横跨千里的瀚海，水量丰盈。夸父没能走到大泽，行到半路上，就渴死了。他缓缓松开手里的拐杖，轰隆一声倒了下来。夸父死了，变成夸父之山。山的旁边，他的那根拐杖化成了一片桃树林。桃林方圆三百里，林中奔跑着天下最快的骏马。

蚩尤来攻打黄帝的时候，派人去找夸父一族，告诉他们黄帝抓去了炎帝，合并了他的部落。夸父族本是某一位炎帝的后代，一路迁到了北方。他们被蚩尤的人一游说，激发了同情与怒火，就随他来了。没想到蚩尤一败涂地，他们也跟着成了俘虏。

黄帝让应龙杀死了蚩尤和夸父。

蚩尤是被斩首的。身首两处，血流了一地。他被杀死的地方，后来就叫解。他的血汩汩不停地流着，淌成了方圆百里的一片盐泽。人们称这里为解池，里面的盐水呢，就叫蚩尤血。

锁着蚩尤的是一种巨大的木枷。蚩尤死了，血把木枷染得通红。木枷被扔在宋山，变成一大片枫树林，叶子永远是血一般的红。

或许是担心蚩尤复活，黄帝把他的头与身子分开来埋葬。身子埋在巨野县，头埋在寿张县。坟有七丈高。每年的十月，老百姓会到蚩尤的埋头之冢前祭祀。香烛刚刚点上，坟后就有一股赤气冲天而起，如一面旌旗，高高悬挂在云天之上。人们相信这是蚩尤不灭的怒气，就叫它蚩尤旗。蚩尤输得心有不甘，这是想重召旧部，再来与黄帝一决雌雄。

蚩尤后来被人们封为战神，因为他骁勇善战，黄帝曾画他的像去吓唬敌人。秦始皇与汉高祖都曾祭祀过他。一直到宋代，在出师祭旗的典礼中，仍要祭蚩尤。

黄帝降了炎帝，杀了蚩尤和夸父。又激起炎帝故乡的猛士刑天的反抗。刑天不是黄帝的对手，激战中被砍去了头颅。作战的地方在常羊山,头骨碌碌滚到了山底下。裸露着上身、浴血奋战的刑天不肯倒下，就以两乳为双目，肚脐为口，舞动着巨斧和长盾，兀自向前冲杀。

晋代陶渊明读《山海经》到此处，不禁掩卷长叹:“精卫衔微木，将以填沧海。刑天舞干戚，猛志固常在。”

黄帝消灭了最强大的敌人之后，四方部落皆来归顺。中原大地迎来了一段太平时光。而这段时光，也成为五千年中华文明史的开端。黄帝被后世景仰、祭祀至今，最重要的原因是他作为中华“人文始祖”的功绩。据说，黄帝发明了房屋、衣裳、车船等很多东西，在地球其他地方的居民还在茹毛饮血之时，华夏大地已过上了相当文明的生活。文化不只是在创造，而且终于可以传承，因为能传承，才使得华夏民族开始领跑于世界。

发明文字，从而让文明得以传承的仓颉，是黄帝的史官。据说仓颉生有“重瞳”，眼睛里有两个瞳孔。人们就认为他有四只眼睛，能看到世间万物的秘密。他受鸟兽足迹的启发，造出了文字。字刚造出来，上天就降下粟米，为民贺喜。原本出没于黑夜的鬼，不由得放声大哭，它再也没法欺瞒人类了。神兽龙也潜回到江海的底下，它害怕遭到聪明起来的人的伤害。

黄帝手下，能人太多。

原本计数和记事，都是在绳子上打个结。有了文字，可以书写了，但计数用绳结仍然很不方便。黄帝的大臣隶首又创造出数字。据说后来几千年来，被人们打得噼啪作响的算盘，就是这位数学奇才发明的。

大挠就更厉害了，黄帝甚至请他做自己的老师。他创制了干支。用甲乙丙丁等十个天干，与子丑寅卯等十二个地支相配，来纪年纪日。大家这才有了确确实实的岁月之感。一直到今天，书法家、画家在自己的作品上签署创作时间，还会用大挠纪年的方法，显得文雅、古朴，有品位。

黄帝的医师叫岐伯。黄帝经常向他请教病理。中医典籍《黄帝内经》里有许多他们深奥的对话。他们的对话涉及生理学、病理学、诊断学、药物学，还有天文、历法、气象、地理、生物、农艺、哲学等方面的知识，真正包罗万象。

音乐家伶伦发明了箫，他根据鸟儿们婉转的鸣叫，定下了五音十二律。

黄帝的妻子叫嫘祖，教会人们养蚕、缫丝、织绢。大臣伯余又把绢做成了衣裳。黄帝自己也发明出了礼服。使得人类开始有了文明的样子。

“甘其食，美其服，乐其俗，安其居。”这是黄帝时代社会的写照。到了这个地步，黄帝就可以无忧无虑了。他派人到首山去采来铜，在荆山底下铸起鼎来。鼎上铸了龙、神、鬼和各样的怪兽。铸鼎应该是跟上天沟通的某种仪式。鼎铸成，奏起《清角》，神鬼人蜂拥而至。《清角》是黄帝在西泰山会合天下的鬼神时创作的曲子。曲子悲凉哀伤，动人之至。据说到春秋时，乐师师旷还会弹奏。一奏之下，风雨大作，鬼神纷至沓来，廊瓦飞坠，帷幕撕裂，桌上的礼器破成碎片。可见威力强大。

音乐声中，一条巨龙从天而降。这是来接黄帝上天的使者。黄帝骑上了龙背，随他上去的有七十多人。龙飞了起来。没能上去的，揪住龙的胡须不放，要跟着升天。胡须吃不住重，断了，人们一个个摔下来。龙须落到了地上，成了今天的龙须草。

黄帝升天而去，或者，本就是神的黄帝又回到了天庭。他成了中央天帝，协助他的是炎帝的后代后土，手里拿着木匠的墨斗。他们管理四方的神、鬼、兽和人。有作恶的，就无情地惩治。比如钟山之神的儿子鼓，长着人面龙身，与另一个长着人面兽身的钦䲹（pí）联合杀了葆江。天帝替葆江报仇，就杀了他们，并让他们的灵魂变成鵔（jùn）鸟和鹗（è）。这是两种怪鸟，只要出现，就会带来大灾难。

天帝还派神荼和郁垒守着鬼门关。在东海的度朔山上，有一棵高大的桃树，枝叶能荫盖三千里。鬼门关就在这棵树东北的树枝之间。夜里，鬼是可以从阴间到阳间四处游荡的，但天一亮就得回去。当第一缕阳光照到这大桃树，树上栖着的玉鸡就会高声啼叫。树上不止有玉鸡，还有金鸡、石鸡。玉鸡一啼，跟着都叫起来，天下的鸡也就随着鸣叫。鬼无论在哪里都能听到。听到了就要立即入关。要是谁回来得晚了，或者做了坏事，守门的神荼和郁垒就会用芦苇绳把它捆起来，扔给老虎吃掉。因为他俩有这样的神力，人们在过年的时候，把他们的画像贴在门上，请他们做门神。

黄帝升天的地方在陕西的桥山。人们就在这里给他建了陵墓。一代代下来，山上栽了三万多棵千年的古柏，其中有一棵柏树高二十米，粗十米，据说是黄帝亲手所植。黄帝陵高三点六米，陵前立了一块碑，上面刻着“桥山龙驭”四个字。

数千年来，人们对黄帝的祭祀不绝。时至今日，清明有公祭，黄帝升天的重阳节有民祭。人们从世界各地聚集黄帝陵，在他的陵前献上太牢之礼，击鼓鸣钟，行礼如仪。

一代代的中国人，不断地描摹着他们心目中的民族始祖。黄帝果断、智慧，知人善任，有种种发明创造，充满了文化的魅力。他成了最早的英雄的化身，并且塑造了我们这个民族最初的性格。斗转星移，此后不论朝代如何更替，黄帝作为民族之魂的位置从未动摇。每当山河破碎，国家衰败，人们最容易想到的就是愧对皇天后土。黄帝为中央天帝，后土是他的佐神。他们成了天地及祖先神灵的代名词。一九三七年，面对日寇的铁蹄，毛泽东撰祭文告黄帝：“还我河山，卫我国权，此物此志，永矢勿谖（xuān）。”

每当中国到了危难时刻，人们自然而然就会想到黄帝，他成了凝聚华人的精神图腾，他激荡起每一个中国人身上的勇气、血性与力量。黄帝的血，在中国人身上已经流淌了五千年。

第五章

少昊

鹧鸪的啼叫

是鸟之王国最后的声音

鸟之王国在哪里呢？很远，在东海之外。那里有个大壑（hè），深不见底，宽广无边。

说是大壑，其实就是一片无边无际的汪洋大海。大海上有许多岛屿，其中有一些相当奇特。有一座叫东极山，东面来的风就是从这里吹出的。上面住着一个叫折的神人，他让风起就起，让风停就停。还有一座山叫凶犁土丘，住着应龙。应龙帮黄帝血战蚩尤与夸父之后，功力大损，回不了天上，就住在了这里。不过在大旱的时候，人们还可以向它求雨。后来大禹治水，也曾请了它去帮忙。

黄帝的儿子禺猇也住在这里的一座小岛上。他长着人的脸，鸟的身子，脚下踩着两条黄蛇，是海神。

能发出巨响的夔的老家流波山也在这里。夔后来被黄帝捕杀了，用它的皮做成了大鼓。杀夔的，或许正是它的邻居禺猇。

海神禺猇长着鸟的样子，是一点也不奇怪的。因为这里就是一个鸟之王国。国王是少昊，名字叫挚，也就是鸷（zhì）。鸷是一种凶猛的鸟，厉害得很。

少昊即位为王的时候，有凤凰来向他贺喜。少昊就请凤凰管理百鸟。百鸟就是百官。因为他这个国家全是由鸟儿管理的。

春天由燕子掌管，这是自然的。燕子一来，春天就来了。夏天呢，就请伯劳来管理。据说它夏至开始鸣叫。所谓“劳燕分飞”,伯劳来了，燕子就走了。秋天请鹦雀掌管。鹦雀是一种彩色的小鸟，声音却高亢，远远就彼此招呼，通告哪里的粮食丰收了。掌管冬天的是锦鸡。锦鸡有着令人眩目的美。据说“立秋来，立冬去”，去哪里呢？或者就是去承担它管理国事的职责。

日常事务，由五位大臣来管理。

总在下雨前鸣叫的鹁鸪（bó gū），据说是孝顺的鸟，请它来掌管教育，让孩子们从小知道爱自己的父母，再爱他人。鵙鸠（jū jiū）是一种雕，性格凶猛，就由它掌管军事。请布谷鸟掌管建筑，这就有点奇怪了，因为一般布谷鸟自己是不会筑巢的。自己的屋子都不建，怎么去建天下的房屋呢？掌管法律的是鹰，鹰比较凶狠，总显得霸气十足，应该能保证法律的尊严。然后，又请说话如唱歌的斑鸠掌管言论与民事，它管的事多且繁，要能言善辩，嘴甜。分管木工、漆工、陶工、染工和皮工五个工种的，是五种不同的雉。另外耕种、除草、收割、储藏等等农事，由九种与农桑相关的候鸟——扈（hù）来掌管。九扈后来成了一个大族，叫有扈氏。在夏朝初年，反对禹的儿子启废除禅让制，曾和他进行过一场大战。少昊有了这么多各有所长的鸟儿们帮助，国家也就治理得井井有条。

这位众鸟之王少昊，他的母亲名叫皇娥，也是天宫里的一位织女。和牛郎的妻子织女一样，很辛苦，经常要纺织到深夜。白天休息时，常常驾小船到银河上去游玩。有时候溯流而上，竟然行到西海边上的穷桑树下。这棵树有千寻之高，叶子是红的，桑葚是紫色的，一万年才能结出来。如果有人吃一颗，就可以与天地同寿了。皇娥在这里遇到年轻英俊的神人太白金星。两人在穷桑树下一见钟情，然后一起驾船在银河上漂来荡去。他们用桂树的枝条做船的桅杆，用芬芳的薰草做船帆。刻了一只玉鸠，放在桅杆上，来辨别风的方向，这叫相风鸟。两人并肩而坐，金星弹奏着梓瑟，皇娥倚瑟而歌，叙说他们在穷桑树下相遇相悦的爱情。后来人们就把两情相悦的游乐之处叫作桑中。《诗经》里就写过“期我乎桑中，要我乎上宫”。皇娥在西天的穷桑树下生下了少昊。少昊又叫穷桑氏。

少昊从西天跑到了东方，来建立他的鸟之王国。当时中原的帝王是黄帝。忽然有一天，黄帝乘龙升天了。因为走得急，没有把后事交代好。他的国家一时群龙无首。好在黄帝在征战多年之后，与民休息，实行无为而治的治国之道。天下并没有大乱。黄帝升天，许多家人与贤臣也随他而去，他的孙子颛顼失去了照顾。少昊鸟之王国的势力日渐强大，中原大地上的人也知道了他的名字。颛顼打点好行装，长途跋涉去投奔少昊。

有人说，其实黄帝就是少昊在人间的父亲。少昊另外有个名字，叫玄嚣，是黄帝让他到东方来建立国家的。黄帝登天而去，天下归于少昊。颛顼投奔叔叔，也是理所当然了。

颛顼来到鸟之王国的时候，才十岁。少小就有高远的志向，学习很刻苦。少昊对这个侄儿很是赏识，为了陶冶他的性情，特地制作了琴瑟教他弹奏。颛顼聪颖有智慧，《史记》上说他“静渊以有谋，疏通而知事”。他在少昊这里一住就是十年，到了二十岁，已经精通了鸟官们的治国之道，决定返回中原，成就他的大事业。回去的时候，他把少昊给他的琴瑟投在大壑的深处。或许是想做个记号，如同在大海里留一个航标，方便日后再来吧。因为多年之后，有船只从这里经过的时候，还能听到这片大海的底下传来动听的音乐。

颛顼返回中原不久，少昊也把都城从大海里迁了出来，定都在曲阜。少昊去世了，颛顼继承了他的帝位，成了整个华夏大地上最强大的帝王。

少昊死后葬在曲阜城东四公里处的一座高坡上。少昊陵相当特别，用一万多块石头堆彻而成，形状如金字塔。平地到尖顶，有十二米高。

少昊的灵魂一直往西天去，或者是因为他的父母住在西海的穷桑，他也要回去。少昊回去之后，做了西方的天帝，住在长留之山。这个地方野兽的尾巴是彩色的，鸟儿们头上也长着五彩的羽毛。协助他管理这西天一万两千里大地的，是他的儿子该。

该又名蓐收，长着人的脸，老虎的爪子，一身白毛。他的左耳上挂着一条蛇，脚下踏着两条飞舞的龙。

蓐收住在泑山，这里产玉和雄黄，可以看到太阳落山。他的手里拿着一柄大斧和一把曲尺。斧子表明他是一位刑罚之神，曲尺表明他还掌管着人间的秋天。古时处决犯人，都是在秋天，叫秋后问斩。秋天有杀气。

少昊的另一个儿子叫重，就是春神句芒。留在东方，做天帝伏羲的助手。一看句芒的长相，就是鸟之王国的臣民，《山海经》上说他“鸟身人面”，是一只神鸟。

少昊这两个儿子都是重要的神，受到人们极其隆重的祭祀。他还有一个儿子，就奇怪了。这个儿子叫穷奇，是一种猛兽。样子像老虎，一身毛发如刺猬一般。两胁长着翅膀，能在天上飞来飞去。它听得懂人的语言，喜欢看人打架。两个争执的人中，谁有理，他就从天而降，把他吃掉。吃人是从脑袋吃起，一口吞下去。他听说谁为人忠实讲诚信，就飞过来把他的鼻子咬掉。知道谁是恶人，反而杀死野兽当礼物送给他。不只是人，就是妖邪看到它也奔逃如飞。穷奇喜欢食蛊（gǔ）。蛊是一种很可怕的毒虫。据说苗女会养一对，用来下在自己和情人的身上。如果情人背叛她，她自杀了，情人身上的蛊就会往外钻，要让他受九天的痛苦而死。闻讯而来的穷奇会把蛊虫吃掉，算是救了薄情男人一命。

少昊和他的儿子们变成伟大的神或者奇特的兽，渐渐离人们远去。他的后裔还有相当一部分留在人间，住在曲阜旁边的郯（tán）国。郯国的都城叫郯城，因为建城时在地基下埋了一万个碌碡（liù zhou），所以又叫碌碡城。建这座城的就是有名的郯子。

关于少昊如何请鸟治国的详情，就是郯子在鲁昭公十九年出使鲁国时讲述的。年轻的孔子听了之后，就拜他为师，专门向他学习“官学”。

这位郯子是一个极有意思的人。他年轻的时候，曾经披了一张鹿皮，装成鹿的样子，混在鹿群里，偷鹿的奶。他偷鹿奶是为了治父母的眼病。可是由于他装得太像了，有一次差点被一个猎人杀死。

郯子的墓在郯城县高峰头镇西曹村，有八米高。墓前立着一块清朝乾隆时的碑。一九七六年，当地有人挖开他的墓，在里面发现一个用铁汁浇灌的棺椁，折腾了半天没有打开。只在一旁的土里挖了些青砖、铜镜和石人，就又把墓填上。如今，郯子的墓碑还斜立在旷野当中。

公元前四一四年，郯国被越王朱勾灭了，国君被擒。郯国最后的国君，名叫鸪。鹧鸪（zhè gū）是一种勾人愁绪的小鸟。“行不得也哥哥”“行不得也哥哥”，一声声鸣叫，如泣如诉。“江南远，人何处，鹧鸪啼破春愁。”秦少游的这句词，仿佛就是在说被缚送江南的郯子鸪。

鹧鸪的啼叫，是鸟之王国最后的声音。

这个王国诡谲的疆土、奇异的国民和那些令人错愕的传说，揭示了我们这个老成持重的古老之国，原来也曾有过瑰丽奇幻的童话时光。

第六章

颛顼

天梯断了——人神就此慢慢疏远

远远传来惊天动地的轰隆之声，如千万只野兽狂奔着，咆哮着。

奔腾的河水，卷着山一样高的浪头呼啸而来。巨浪之上，是密密麻麻的船筏。

当中一座大筏上，站着一个红发巨人。他的旁边立着两只可怕的怪兽。那只扭着身子的怪兽，长着九个头，每张脸都是铁青色的，叫相柳。另一只是一头粗壮肥硕的大熊，身上的毛发红得如火一般，叫浮游。当中的巨人，是水神共工。

共工是来攻打颛顼的。

共工是炎帝的后代，出生在江水之畔。这江水，据说就是泗水，横穿少昊的都城曲阜。共工和颛顼原本都是少昊的部属。共工不服颛顼为帝，率兵攻打过来。

颛顼派了两员大将前来应战。一个是重，一个是黎，都是他的孙子。

重和黎都有着天生的神力。黎是火神，能掌控威力强大的烈火，又名祝融，后来升天为神，做了南方天帝炎帝的助手。现在共工打过来了，颛顼就让他们来对付。

这是一场血战，从东方一直打到西方。开战不久，浮游就被打败。浮游这只性格暴躁的红熊，倒有骨气，打败了，不肯屈服，一头扎进淮水里死了。

相柳就厉害多了。它的九个巨大无比的头，可以同时吃下九座山上的泥土。它一边走一边喷水，所过之处，都变成沼泽。沼泽的水辛辣无比，飞禽走兽，只要喝上一口，就会送命。不过相柳最终还是没有敌得过祝融的火攻，逃走了，躲到了昆仑之北。一直躲到大禹治水的时候，又出来作乱。

战争还在继续。冬至这一天，一场混战之中，共工的儿子也战死了。

他死了之后，变成厉鬼，继续为害人间。可是这厉鬼怕红豆。人们就在冬至这天做了红豆稀饭摆出来。它一闻到，这一年就再不出现。

共工且战且退，一直退到不周山下。这不周山是顶天立地的柱子。共工眼看自己败局已定，既然我得不到天下，你也休想坐稳，那就同归于尽吧。于是一头朝这天柱撞过去。

不周山受不住这猛烈的一撞，一声巨响，倒塌下来。天空立即亮起一道长长的闪电，天被撕裂开来，炸雷一声接一声。哗啦啦，西天一大片崩塌了，雨就像河水一样，从天上直倒下来。洪水漫过田野、树林和丘岗。无数的野兽从丛林中涌出来，四散而逃。飞禽也惊惶地漫天飞舞。房屋一座接一座倒塌,一个个村庄被洪水吞没。波涛翻滚着，朝远处奔去。大地上一片白茫茫。

不周山这一倒，不仅天塌了，原先牵着地的绳索也断了，大地摇摇晃晃，震动着，巨大的裂缝，像蛇一样，四处蔓延。

食物没有了，凶猛的动物就以人为食。甚至巨大的飞禽也挑老人与小孩下手，从天上俯冲下来，一叼就走。战争停止了。原先一切的忙碌几乎也都停止了。人人仓皇逃命。到处都听到哭号之声。

哭声惊动了女娲。

女娲造了人之后，看到人自己能够过得快乐自在，就隐居了起来，不再过问人间之事。这一天，她忽然听到大地上传来一阵阵的号哭，号哭声越来越多，越来越大。她一想，儿女们一定遇到可怕的灾难了，就又来到人间。

女娲一看,天崩地裂。人间成了地狱。弱小的人类,徒劳地挣扎着,一个接一个死去。有淹死的，有被动物吃掉的，有饿死的，有死于地震火山的，有在逃命之下相互残杀而死的。天上的大神很多，可是在这个时候，没有一个露面。女娲叹口气，只得独自一个来把这塌了的天补起来。

她做的是最苦最累的活儿。虽然有神力，可都不是一挥手就能做成的。她要一趟一趟地，从江河里淘出五色的石子，等足够多了，堆成小山一样，然后生起火，把这些石子烧化，变成黏稠的石水。然后端着这石水，去把天一点点补起来。她不能停歇，一分钟也不能停。因为她的孩子们正在死去。从地上飞到天上，再从天上飞回地上。不知道飞了多少趟，天被补住了，雨停下来，不漏了。然后，太阳出来了。大地上一片欢呼。可是这天与地还是摇摇晃晃。女娲已经很累了，却还有许多事要做。她找到一只老龟，杀了，用它巨大的四条腿撑在天地之间。这一撑，就稳当了，可是天已经不是原来的天了。被补过的天有点倾斜，日月星辰总往西方滑过去。而地的东南方呢，陷了一个大坑，所以江河湖海的水，都往东流。女娲见这并不妨碍人们过日子,就由它去了。然而大地上还是洪水滔天。女娲就采来芦草,烧成灰,用这灰堵住洪水，让陆地重又露了出来。人们终于可以回家了。

女娲呢？她已经用去了她全部的力量。她太累了。比她造人要累得多。因为人是她造的，她要好好照看。可是，她再也照看不了了。她睡着了。死了。

在这场大灾难里，颛顼也受到了重大的打击。他的几个儿子都死了。或许觉得自己死得冤，死后都变成了害人的小鬼。一个死在江水，变成了疟鬼，不断往人间散布着疟疾。碰到他的人浑身忽冷忽热，打摆子。一个死在若水，死的时候还小，三岁多。所以成鬼的样子也是一个小孩子，皮肤黑里透红，长长的耳朵，红红的眼睛，喜欢学人的声音迷惑人。听到他喊你，千万不要答应。他会把你"迷死"。另一个死了之后，鬼鬼祟祟地躲在人家的墙角，冷不丁会出来吓人家的小孩，让孩子得"小儿惊风"。

天地原先是相通的。因为多灾多难，人间的凡人，就不停地向上天祈祷。甚至直接跑到天上去向天神诉说。什么人都可以跟神沟通，颛顼很不高兴。他认为只有他认可的极少数人，才能与天帝沟通联络。这是他的权力。如果老百姓一个个都能与天帝直接联系了，他就没有权威，也就没人肯听他的了。于是，他让重和黎去把天梯断掉，让天地分开。

重用手把天往上举一举，黎用手把地向下压一压，把所有的天梯都弄断了。天梯有好多条。其中最有名的是一棵树，叫建木，长在都广之野，这里是天地的中心。太阳直直地照着，低头看不到自己的影子。朝四周喊一喊，声音很短促，一下子就消失了，像被人一刀切断，没有一点回音。建木这棵树从地上一直长到天上。它的根很深，而且长出了地面，盘根错节，四处蔓延。树干高耸入云，上面却没有枝丫。如果要攀爬怎么办？就拉一拉它的树皮，树皮就会垂下如蛇一样的黄色缨带。树要一直到顶部才有枝叶。枝叶繁茂，如华盖一般撑在天空中。据说伏羲曾在这棵树底下休息过。现在被重和黎一折腾，或许还在树底下放了一把火——黎是擅长用火的，天梯建木死了，连接天地的路从此断绝。神在神的世界，人在人的人间，不再混杂。凡人是绝不能再上天了，可是偶尔还是有神来到人间。他们有神通。不过天梯断了，来人间的难度大大增加，他们来得就少了，更多的神也就不再下来。人和神，自此越来越远，越来越隔膜。

对于颛顼来说，这是好的。因为天帝的声音，只能由他来传达。什么事，他说了算。他之后的帝王呢，就自称“天子”。既然是天帝的儿子，就代表了天帝，人民当然要绝对服从他。如果有人说自己听到天帝的声音，那就是大逆不道，是想谋反，要立即杀掉。事实上，后来谋反的人，一个个都会说他们是奉上天之命。抢不到王位的，就被杀掉。抢到王位的，也自称天子。所以，颛顼断天梯，是至关重要的一件事。

断了天梯的颛顼，在人间管辖的地方已经极为广阔。《史记》上说“北至于幽陵，南至于交阯（zhǐ），西至于流沙，东至于蟠木”。的确，少昊与共工的地盘都归了他所有。他把天下分为兖、冀、青、徐、豫、荆、扬、雍、梁等九州。后来人们就用“九州”来代称中国。他又据天象编定了春夏秋冬和历法。颛顼历到秦汉时还在使用。残酷的战争与滔天的洪水，使得颛顼重又继承了祖父黄帝的无为而治的方略，他让人们因地制宜去耕种放牧，教人们之间相处要合着阴阳的变化。总之，自然而然，不要逆天而行。等这一切安排妥当，他想起幼时在少昊那里见到的百鸟吟唱、人们载歌载舞的情景，觉得那样的日子才好，心里很遗憾丢了少昊给他的琴瑟。要不然弹一弹，还可以驱散一下心里的伤痛呢。

颛顼曾经听到天风吹过，发出凄凄切切的声音，他觉得这正好切合他现在的心情，就让天龙学着这声音，用嘴吹出来。他还给这个曲子起了个名字，叫《承云》。然后又让短嘴的扬子鳄，仰着身子躺在地上，用尾巴敲自己的肚皮，发出咚咚的声音。这声音并不见得多美妙，也许是想看这滑稽的样子，消消心中的悲愁吧。后人听说了这样的事，就专门用这种鳄鱼的皮来蒙鼓，叫鼍（tuó）鼓。颛顼还收藏了一块好石片。这石片轻得很，就像浮萍一样能漂在水上，捞上来敲一敲，会发出磬的声音。据说他的儿子老童，说起话来，十分有韵律，也像磬。不知道是天生这样呢，还是故意要讨他悲愁的父亲的欢心。

颛顼死了，成为北方天帝。从九泽一直到夏晦，再到令正之谷的一万两千里的水域和旷野，都是他的领地。这里是极寒之地，充满了冰雪霜霰。协助颛顼管理的是冬神玄冥。玄冥也是黄帝的孙子，又叫禺强，父亲就是东海的海神禺猇。他长着人脸鸟身，两个耳朵上各挂着一条青蛇作装饰，脚下还踏着两条青蛇。手里拿着一杆秤。他既是北方的海神，又是风神。他刮起的西北风强劲无比，常常使得人畜受伤，人们又称这风为厉风。据说他的风里还有瘟疫。所以冰冷的玄冥是一位很让人畏惧的神灵。

颛顼的陵墓在河南内黄县。汉唐以来，代代修葺。到清朝末年，因为地处黄河古道，渐渐被黄沙湮没了。一九八六年重新清理，挖出了元、明、清历朝御祭石碑一百六十五座。颛顼陵的旁边是帝喾（kù）陵。颛顼陵居东，帝喾陵居西，两陵相距六十米。颛顼陵南北长六十米，东西宽五十三米，高约二十六米；帝喾陵要小一些，而且居于它后面两米。一大一小，一前一后，是因为帝喾是晚颛顼一辈的堂侄，又是他的继承人。帝喾十五岁时跟随颛顼学习政事，三十岁时，接替颛顼做了九州的帝王。

那是另一个时代。在那个时代，人开始唱主角。神还在，只是若隐若现，不那么清晰了。偶尔会留下一点踪迹，让人遐想。

第七章

帝喾

曾经有一段难得的静好岁月

帝喾刚生下来的时候，就会开口说话，说了一个字——“夋”（qūn）。父母就用这个字做他的名字。夋的父亲是蟜极，蟜极的父亲是玄嚣，玄嚣的父亲是黄帝。夋是黄帝的曾孙，是颛顼的侄儿。《山海经》上又称他为帝俊。

“夋”在甲骨文里，像一只尖嘴细脚的小鸟。种种迹象表明，他与少昊的鸟之王国，有着千丝万缕的联系。甚至有人说，他的爷爷玄嚣，其实就是少昊。夋喜欢鸟。他不是养鸟来玩，而是跟鸟做朋友，彼此尊重，心心相印。空闲的时候，就和它们一起跳舞玩闹。

跳舞要音乐。他请自己的乐师咸黑作曲。咸黑作了《九招》《六列》《六英》等优美的曲子。据说都如天乐一般动人。只有好曲不行，还得有配它的乐器。这时候，虽然已经有了琴、瑟、埙等几样，毕竟简陋，不够做一场热闹的音乐会。夋让他的孙子有倕（chuí），来制作整个乐队的器械。有倕是那个时候最有名的能工巧匠。后来周朝的青铜器上，还铸了他的样子——嘴里噙着自己的一根手指。有人说这个图案是告诫人们不要发明奇技淫巧。我倒认为是在夸赞他用巧手制造了种种吹拉弹奏的乐器。他发明的乐器很多，有钟、管、篪（chī），还有笙一样的吹芩，等等，每一样都令人惊叹，并且一直传了几千年。一代代的人都喜欢。

夔看到这些乐器，心里很高兴。先是排练，然后配合起来演奏。音乐与心是相连的，不只能感染人，连鸟儿也为之心动。一种名叫天翟（dí）的鸟听着，忍不住飞过来，展开翅膀，在人们面前自在地婆娑起舞。那时候人与鸟相处得很好，相互信任，彼此很容易沟通。

夔还有一对喜欢跳舞的鸟儿朋友。长得像凤凰，羽毛是五彩的，嗓音好听，会唱歌。更特别的是它们太喜欢跳舞了，没事的时候，就相对站立，摆一个姿势，然后翩翩跳起来。夋喜欢它们，常常跟它们一起跳。夋后来当了帝王，事情多起来，相处的时间就不那么多了，这对喜欢跳舞的五彩鸟也没有离开他，而是留下来帮他看守祭坛。

祭坛很重要，是夋与天帝沟通的场所。这个时候，天帝的位置已经满了。东方天帝是伏羲，南方天帝是炎帝，中央天帝是黄帝，西方天帝是少昊，北方天帝是颛顼。所以夋虽然当了人间的帝王，也不能与天帝相提并论。有重要的事，要听天帝的安排。上天的天梯被颛顼毁掉了，与神打交道的方式就改成祭祀。立一个坛，向天祷告，把自己的愿望透过香烛的烟火，求告于天帝。

不过，毕竟人神分开还没有多久，夋本人身上还有着很大的神性。他在天上有三位妻子，在人间有四位妻子。

天上的第一位妻子叫娥皇，住在“不庭之山”，荣水最终就流到这里。山里有个“三身之国”，是她和夋的后代。国中人长相奇特，一个头，三个身子。他们喜欢吃黄米饭，跟鸟儿是好朋友。鸟儿们能帮他们很多忙。也有人说他们能够驱使虎豹熊罴这些野兽。他们与鸟兽沟通的本领，当然就是夋教的。这里有个四方的渊潭，四个角都能跟外面相通。北边与黑水相连，南边和大荒相通。北侧的渊称作少和渊，南侧的渊称作从渊。渊里的水很好，夋经常在这里洗澡。据说后来舜也来过这里。

夋的另一位妻子名叫羲和，住在东南海外与甘水之间的羲和之国。她和夋生了十个太阳。太阳每天出去一个，轮流运行在天空。羲和每天都要用甘渊里清凉甜美的水，把太阳洗得干净漂亮，让他们体体面面地出行。不过太阳们在夋死后，失去了管束，竟然跑出来为祸人间，终于酿成一场悲剧。我们在下一章里再详说。

夋还有一位妻子是月神，名叫常羲。她生了十二个月亮。常羲也要每天忙着给孩子们洗澡。没听说月亮们出过什么事，或许到今天，它们还是一个一个轮着出来，从东边逛到西边，绕个圈子回家。

在夋的妻子们生下太阳与月亮之前，天上有没有日月？日月又是怎么运行的？神话里没有说。或许有，就是一个发光的圆球，呆呆地挂在天空吧。运动也是机械、呆板的。直到夋的儿女们出生，圆球被他们替代了，才变得鲜活，焕发出人的性情来。

夋在人间的几位妻子，性格都很分明。她们生的儿子，也赫赫有名。

第一位妻子是有邰（tái）氏之女姜嫄，生了后稷（jì）。第二位妻子是有娀（sōng）氏之女简狄，生了契（xiè）。第三位是陈锋氏之女庆都，生了尧。第四位是娵訾（jū zī）氏之女常仪，生了挚。

挚后来接了帝喾的帝位，因为没能力治理国家，又由尧替代了。尧的事，下一章再说。

姜嫄是个天真的女子，到野外去游玩的时候，看到一个巨人留下的脚印，觉得好奇，就用脚去踩。谁知道脚才放下去，就觉得心里一动。回家过了一段时间，生下了一个儿子。

这个孩子来历不明，姜嫄就让人把他扔到一个狭窄的小巷子里。可是经过这里的牛羊，竟然用自己的奶来喂他。把他扔到树林里去，又碰到有人来砍树，没有扔成。于是索性扔到寒冰上，这是决心不要了，想把他冻死。谁知道人刚走，就有鸟儿飞了过来，用自己的翅膀盖着他。扔的人又回头看，鸟儿飞走了，小孩子哇哇地哭着，只好把他带回去。也许并没有带回宫里，而是养在外面。因为他被丢弃过，就给他取了个名字叫弃。生活在乡村田野，弃从小就喜欢种麻和菽（shū）。种下去，都能长得很好。等他长大了，更成了有名的种庄稼的能手，人们都来向他学习。已经当了帝王的尧听说了，（由此可见，弃是没有跟这个弟弟一起生活过的。）就请他做了国家的农师。这个弃就是后稷，也是后来建立了周朝的文王、武王的始祖。

再说契。

夋的妻子简狄和妹妹住在九层高的楼台上。每次吃饭的时候，都要先敲鼓。有一天，飞来一只燕子，落在她们面前唧唧地叫着。姐妹两个很喜欢，就拿玉筐扣住了它。等了一会儿，掀开来想看看动静。谁知道刚一打开，燕子就朝北方飞走了，一去不返。姐妹俩很惆怅，就唱道："燕燕往飞。"这应该是北方最初的诗歌。她们再回头一看，筐子底下有只小而圆的蛋。简狄觉得好玩，捡起来含在嘴里，一不小心，吃了下去。过了几个月，生下契。

《诗经·玄鸟》里写道"天命玄鸟，降而生商"。契成为后来商朝的始祖。契在舜帝时，受命帮助大禹治水，因为有功被封为司徒，封地在商。他在商建了一个高台，用来祭祀大火星。他根据大火星的运行，及时告知人们何时耕种，何时收获。人们尊称契为阏（è）伯，他死后，被葬在他观星的高地上，这就是现在商丘西南的阏伯台。

还有一种说法，这位阏伯与他的兄弟实沈，两个人性格悬殊，无法相处，几乎天天争吵，有时候甚至动起刀枪。夋没有办法，只好把他们分开。让阏伯迁到商这里，管“苍龙七宿”的“心宿二”——大火星。所以大火星又叫商星。又把实沈迁到大夏，让他管理西方的参（shēn）星。两个人从此不再相见。商星与参星，此出彼没，彼出此没，永远不会同时出现在天空。“人生不相见，动如参与商。”“参商”二字，从此成为亲友情感断绝的代名词。

夋让两个妻子在天上照顾太阳和月亮，又让两个儿子去管理星斗。《史记》上说他“历日月而迎送之，明鬼神而敬事之”。再也没有人比他更重视天文历法了。他夜望北斗，日看太阳，再根据月亮的阴晴圆缺，划分出一年四季，定下冬至、夏至等节气，算出历法，让人们照着节令安排农事。原本在颛顼时遭到重创的九州大地，很快就变得欣欣向荣。据说夋很会治理天下。他穿着普通的衣服，和民众一起劳动。处理事情总是中正平和，不偏不倚。好处都给别人，“普施万物，不于其身”，像太阳一样给予，自己不要回报。

夋是个有真性情的人，不是好大喜功之徒。他既没有与诸神有什么争执，也没有发动大的战争去征服人间的对手。只听说他跟一个房王发生了小小的冲突，而且，还是房王挑起的事端。不过战争没有打起来就平息了。据说夋的一条狗趁黑咬死了这个野心家。

夋治理天下的几十年，风平浪静，岁月静好。他除了喜欢奏起音乐，与鸟儿们一起跳跳舞之外，也没有其他奢侈的享受。他简简单单地生活，平平淡淡地照管着国家。要说有什么特别的地方，就是生了太多的子女。照理说，这样的时代、这样一个人，历史是会遗忘的。可并非如此。后来经历了太多灾难的人们，一直记得这段难得的宁静岁月。人们铭记着他，却没有把他当神来崇拜。自他之后，人间的帝王就不再升天为神了。即便他身上带有某种神性，也只是人间的凡人。人们觉得亲切、亲近，不再惧怕他，只把他当成可敬的祖先。人们后来对他的祭祀，也是充满了人情味和烟火气。

夋被后人称为帝喾，又名高辛。高辛是他曾经长居过的地方。夋死之后，一种说法是和颛顼一起葬在内黄县的二帝陵，另一种说法是葬在商丘的高辛镇。

商丘的帝喾陵，南北长二百三十三米，东西宽一百三十米。每年农历腊月十二日，人们从四面八方赶来帝喾陵，说是祭祀，也是看看戏、买些日常的用品，尝尝天南海北的小吃。这样的热闹有十天。在过年前，好好热闹一番。据说这个庙会从唐朝开始，至今已有一千余年。这样的祭祀，是帝喾所乐意的，他不要那么高高在上的庄严与肃穆，随意、快乐、热闹就行。

史书当中，帝王攻城略地的记载总是占据巨大篇幅，似乎是帝王最主要的业绩。帝喾却是少见的无征战纪录却流芳百世的帝王。多灾多难的历史上，和平只是两场战争中间短暂的喘息，人们更向往无为而治、岁月静好、自然而然。

第八章

尧

洪水烈日的大时代

上演着一出出英雄的悲剧

神州大地又面临灭顶之灾。

天上出现了十个太阳。

庄稼枯死在地里。树上的叶子也烧焦了，只剩下光秃秃的枝丫，像人类绝望的手指，朝天伸着。江河干涸了，大大小小的鱼儿，一动不动地躺在河床上，身上的鳞片反射着刺眼的光。小狗小猫，还有原本飞来飞去的鸟儿们一只也不见了，不知道躲去了哪里。人也没有了。大地上空空旷旷。明晃晃的太阳底下，只有一些怪兽在游荡。它们用鼻子嗅着，喘着粗气，四处寻找着食物。它们什么都吃，大象、牛羊，还有人。

有一种像牛的东西，叫猰貐。长着人的脸，马的蹄子，浑身通红，跑起来哒哒哒，箭一样快。叫声像婴儿的啼哭。听到这叫声要赶紧藏好。被它发现了，就会被一口吃掉。猰貐原本是一个蛇身人脸的小神，被天神贰负和危合谋杀死了。已经升为天帝的黄帝很生气，就把贰负和危抓起来，用枷把他们的右脚铐起来，反绑了他们的双手，拴在疏属山的大树上，让他们永远在那里受罚。到了几千年之后的汉宣帝时，有人从上郡的一间石屋里，挖到了他们当中的一个。黄帝惩罚了这两个凶手，又派巫师拿不死药来救猰貐。猰貐活了过来，却变成一个可怕的吃人怪物，一头跳进昆仑山底下的弱水里。现在天上出现了十个太阳，它热得受不了，又跑出来四处吃人。

还有一种巨兽，因为满口的獠牙像利凿，人们就叫它凿齿。凿齿长得像人，牙有一米长，从嘴里露出来，一直伸到下颌底下。一只手拿戈，一只手拿盾。也是见人就杀。

另外还有长着九个头，能喷水火的九婴；所过之处掀翻房屋的巨鸟大风；喜欢吃人的大野猪封豨（xī），等等。但是这里面最可怕的还是一种叫长蛇的怪物。

这种蛇有一百丈长，又叫巴蛇。黑色的头，青色的身子，一口能把大象吞下肚，然后慢慢消化。三年之后，才把大象的骨头吐出来。吃人那就更不在话下了。

烈日当空，怪兽横行，人类又一次到了生死存亡的边缘。

这时候，帝喾已经死了，他的儿子挚接了他的位置，因为能力弱，管理不了国家，就把位子让给了弟弟放勋。放勋就是后来人们所熟知的尧。

尧是一个爱民如子的帝王。穿着粗麻的衣裳，吃的是野菜糙米，住的是没有修剪过的茅草屋，屋里柱子和木椽上的树皮都没有去掉。他没有心思讲究这些。十个太阳晒得人民都奄奄一息了。他饭也吃不下，吃两口，就搁在厨房里。好在厨房里长了一种名叫萐（shà）蒲的草,叶子会自动扇风,让厨房里总是凉风习习。这样剩饭剩菜不容易馊，可以留到下一顿或者第二天再吃。

尧采取了种种办法，祷告、哀求，或许还有威胁，向上天求助。天帝们终于坐不住了。十个太阳闹得太不像话，并且好像也不打算迷途知返。要派个人去警告它们一下。

十个太阳是夋和羲和的孩子，住在汤谷。汤谷有一棵几千丈高的扶桑树。羲和每天在甘池，有时也在咸池给它们洗澡。洗得干干净净了，就带他们中的一个到扶桑树的树顶。树顶上停着一辆车子，拉车的是六条龙。羲和让太阳坐好，一声吆喝，驾着车子腾空而起。大地上立即就透出万缕的光芒。车子要在天上走一天，到悲泉停下来。六条龙也要休息了。接下来黄昏时的这点路，就由太阳自己走。太阳从悲泉走向虞渊，最后进入蒙谷，身影完全消失。秋神蓐收就坐在泑山上看着太阳最后的这段旅程。太阳这一天的行走路线是《淮南子》上介绍的。太阳后来怎么返回汤谷的，书上没有说。第二天，换另一个太阳以同样的方式出发。就这样，一个一个地轮流飞越天空，照耀大地。忽然有一天，羲和一不留神，十个太阳全跑出来了。这一出来，就再也不肯回去。

天帝请了羿（yì）过来——他是天上箭射得最好的，让他到人间去消灭那些吃人的怪兽。至于天上乱跑的十个太阳呢？天帝没有明说。太阳若看到羿怎样射杀怪兽，应该就会乖乖回家了。

杀几头野兽费不了多少力气。羿觉得要不了多长时间就能再回天庭，就带了妻子嫦娥一同去人间，看一看，玩一玩。

羿见到尧，问野兽在哪里。尧立即派人给他引路。

羿先去畴华之野杀了凿齿，又到北方的凶水杀了九婴，然后在青丘的大泽里找到了大风。他把绳子系在箭上，一箭射出去，正中大风，大风挣扎着还想飞，羿揪住绳子把它拉了回来，一刀两断。

这几趟跑下来，羿已经是满头大汗。十个太阳没完没了地在头顶上晒着，教人受不了。尧看他的箭法是那么好，就问他，能不能把这作恶的太阳射下来。

羿有些犹豫。他知道太阳是受天帝宠爱的，可是一路上看到大地都被烤焦了，人畜不断地渴死晒死。他射杀的这几个怪兽，也是因为可怕的热，发了疯，才跑出来吃人。说起来，灾难的源头都是这头顶的太阳。他仰头看了看，太阳兀自在天上游来荡去，玩得正欢。

羿从背后的袋子里抽出一支白色的箭，搭在血一样红的弓上。太阳的光刺得人的眼睛生疼。好在圆圆的太阳是个大靶子，并不用过多瞄准，重要的是这一箭的力道。羿的左臂比右臂长，有着天生的神力。他拉开弓，像在怀里抱着一轮圆月，然后猛然一撒手，箭飞起来，不见了。白色的箭融入了太阳的光。

突然，嘭的一声巨响。一颗太阳在天空中炸开来。羽毛漫天飞舞，不一会儿，一只鸟儿从天而坠，落在前面不远的地方。人们跑过去一看，是一只黑乎乎的长着三只脚的鸟。

人们欢呼起来。顾不得天上还有九颗太阳晒着，叫着、喊着，跳了起来。

“再射！”“再射！”“再射！”人们呐喊着。天上的太阳也慌乱起来，惊惶地四处奔逃。大地上更热了。

大祸已经酿成。羿拔出箭，连续射了出去。一只、两只、三只、四只，一只只三足黑鸟跌落下来。

“停！”“停！”在狂热的人群中，只有一个人是冷静的，是尧。他大喊着跑过来。一把抽出羿箭袋里剩下的箭。

羿停住手，朝天上一看，只剩下最后一颗太阳了。

这是应当留着的。如果全射下来，天地间就一点光亮也没有了。

又有风了，凉凉的。

“走吧，走吧，我们去把剩下的几头怪兽杀掉。”羿也兴高采烈起来。唯一不高兴的是嫦娥，她知道羿闯了大祸。

等羿杀了猰貐、封豨、巴蛇等等为恶人间的怪兽回来，嫦娥冷冷地问他：“该回去了吧？”

说好来接他们的神无影无踪。而上天的路早被颛顼断了。羿垂头丧气，嫦娥不是哭哭啼啼就是吵吵闹闹。

既然回不了天上，日子总要过下去。而且羿也不觉得这人间有什么不好。人们感激他、崇拜他。走到哪里，都有人把他认出来，欢天喜地迎接他。如果去打猎，更是前簇后拥。

然而嫦娥不喜欢。她说：“有什么用？有什么用？做凡人难免一死。我们本来可以不死的。你不要做神，现在好了，就要成鬼了。”

羿受不了嫦娥的埋怨，忽然想到西王母住在人间的昆仑山，去找她，或者会有办法。

昆仑山是他刚刚去过的。他就在山下的弱水里射杀了猰貐。杀了猰貐之后，他还围着这有名的山游览过一番。山有九重，高一万多里，几乎通到天上去了。山下是深不见底，羽毛都浮不起来的弱水。周围还有一圈燃着熊熊大火的火山。火山上长着一种神奇的火树。不论刮风还是下雨，这树上的火总是不大不小，永远不变，慢吞吞地烧着，却炽热无比。

天帝之城在昆仑山的山顶上，城门口有一只可怕的神兽守着，不让任何人靠近。这只兽叫开明兽，长着老虎的身子，人的头。头不是一个，而是九个。因为好几个头可以轮流睡觉，所以它任何时候都有头在警惕地张望着。没有什么人能躲开它。

凡人是不可能上到神殿的。不过射日的羿毕竟是从天上下来的神，虽然沦落在人间，身上还有神性。他吃了一些苦，终于爬到了山顶。西王母是不太好找的，有时候住在这昆仑山顶的神殿，有时候住在群玉之山，有时候又住在更远的瑶池。羿算是运气好，一下子就找着了。因为他是为人类射下太阳才落到这个田地，西王母对他很同情，没让守山的神兽们为难他，并且给了他两粒不死之药。一粒给他，一粒给他的妻子嫦娥。

有了这两粒药，羿和妻子就可以长生了。虽然仍然不能上天成神，但比终究要死的凡人要好多了。羿欢天喜地回到家，把药丸拿给嫦娥看。嫦娥也高兴起来。两个人掐着手指挑了个好日子，打算好好庆贺之后，再同时吃下这永葆青春的不死之药。临行时，西王母曾叮嘱过羿：要是一人一粒，两人都得长生；要是一人全吃了，就会升天而去。这话羿告诉了妻子，他对妻子没有任何保留。羿是不想再回天上了。他知道，他射杀了九颗太阳，就算回去，天帝也不会让他好过。

天黑下来，嫦娥睡不着。思来想去，实在厌恶这世间的生活。肮脏、丑陋还劳累，哪有在天上自由自在的好。回头看一眼羿。他劳累了一路，回到家，心里踏实，睡得又香又沉，脸上还露出满足的笑。“你既然喜欢人间，那就一个人留在这里吧。”嫦娥倒一碗水，把两粒不死药一口吞了下去。

药才吃下去，嫦娥就觉得身子轻起来，慢慢离了地面。轻轻一飘，就从屋里飞到了外面。头顶上，一轮明月正朗朗地照着。她就朝着这月亮飞了过去。

“嫦娥应悔偷灵药，碧海青天夜夜心。”嫦娥成了月宫里孤独的女神。这孤独是她要的，会不会后悔，也许只有她自己知道。

羿失去了不死药。偷去不死药的是自己的妻子。妻子抛弃了他。这样的痛要比回不了天庭更深切。羿不再快乐。如果说还有一点点快乐，那就是教几个学生射箭。

其中最有天赋的名叫逢蒙。他的箭射得几乎有羿那么好了，只差一点点。可是就这一点点，他永远追不上。逢蒙也就不学了。因为除了羿，他就是天下第一了。只要——“除了”羿。

羿只有在打猎的时候，才会回到他的勇武状态，忘记心里的痛苦。逢蒙陪着羿去打猎。马车驾好了，猎犬兴奋地狂吠着，羿上了车，车子一晃，启动了。

逢蒙站在羿的后面，手里拿着一根粗粗的桃木大棒。他抡起木棒，猛然打向羿的后脑。

羿死了。

他被妻子抛弃，而后，又死在得意弟子的手上。

老百姓哀怜他，请他做了宗布神，让他吓阻那些为祸人间的妖魔鬼怪。人们画了他的像，放在堂屋中央的桌上，在他的面前摆些吃食。

凡间的人们能做的，也只有这样了。

羿是被桃木棒杀死的，人们称它为鬼怖木，说所有鬼都怕它，用它来辟邪。有人解释说，鬼怕宗布神羿，羿又死于桃木，鬼就更怕桃木了。也许，鬼只是害怕桃木背后那更为邪恶的人心罢了。

太阳神被射杀，让天帝很不高兴。只是因为太阳先为祸人间，害死了无数的人，罪有应得，他没法翻脸。而且杀死太阳的羿，也是他从天上派下来的，他的怒气只好发在羿的身上：你爱护人类，就留下吧，永远不要回来。可是，人类很快就忘了羿的功劳，用卑鄙的手段把他打死了。羿也是天帝派下来的神，人类如此回报上天，惹怒了天帝。

一场大洪水，席卷而至。

大水四处漫溢，连尧的国都都淹了。尧没有办法，只好带着民众往高处搬迁。刚落下脚，洪水跟着就来了，只好再搬。一搬再搬，最后来到平阳。

总是躲不行。

“滔天的洪水，包围着山峰，淹没了丘陵，你们看，有谁能来治理？”尧问他的大臣们。

“鲧（gǔn）。”有大臣说。

“我听说鲧这个人，不太服从命令，还伤害跟他一起的人，可能不行。”

“现在唯一能用的只有鲧。不试试怎么知道他不行呢？”又有大臣说。

尧没有办法，就让鲧去治水。

鲧一去就是九年，眼看洪水即将治理成功，突然死了。

鲧是被祝融杀死的。是谁派祝融来的？有两种说法。一种说法是天帝派祝融来的。为了治水，鲧从天帝那里偷了一块息壤。这是一种神奇的土，放到哪里，就会在哪里自己生长。拿一点点，就会长成大土丘。这当然是治水最好的工具了。可惜就在鲧将要治好洪水的时候，天帝发现息壤丢了，并且很快就知道是鲧偷了去治水。于是就派火神祝融来杀他，把息壤带回天庭。

祝融在羽山找到鲧。鲧还在忙着治水，没有任何反抗，就被祝融杀死了。

鲧被杀死在羽山脚下。羽山在哪里？有好几种说法。有人说在东海县温泉镇。山上有雉，羽毛五彩缤纷，所以叫羽山。如今山上还有鹡鸰（jī líng）、蜡嘴、柳莺、灰喜鹊、布谷鸟、斑鸠、山鹰等鸟类，的确是一座鸟之山。羽山下有水，颜色彤红，人畜都不能喝，据说是鲧被杀死后流的血。这就是史书上所说的羽渊。

鲧被杀死了，过了三年，尸体也不腐烂。舜担心满腹怨气的鲧有什么异变，就派人用最锋利的吴刀把他划开。谁知道一刀划下去，鲧的肚子里藏着一个孩子。鲧的尸体变成一只黄能，跳进了旁边的羽渊。

从父亲肚里出生的那个孩子，就是后来的禹。鲧变成的能，据说是一种三只脚的大鳖。当地百姓建了一座鲧庙，祭祀他的时候，海里常常有蛟龙和黑色的鱼跃水而出。人人都觉得惊异。

为什么舜要提防鲧呢？另有一种说法，说鲧是舜派人杀死的。

《史记》上说，尧打算把位子让给舜，让他摄行天子之政。舜到四方巡视回来后，说鲧治水无功，请求尧把他杀了。“殛（jí）鲧于羽山，以变东夷。”所谓“变东夷”，其实是恐吓，让他们驯服。

舜要杀鲧，其实另有原因。《韩非子》上说尧欲传天下于舜，鲧反对，他说这是不祥的，哪有把天下传给匹夫的？说舜是匹夫，是因为他出身贫贱。尧不听。屈原在《离骚》里也说，鲧是因为刚直而死。

鲧一死，同样反对尧把位子传给舜的共工，被流放到了北方的幽陵。推举和提携共工的讙兜（huān dōu），也被流放到南方的崇山。讙兜悲愤之下，投南海死了。共工，是掌管国家水利的官职之名。有人说，这人是撞倒了不周山的共工的后人，也叫共工。他受了流放，心里不痛快，过了几年，又起来造反。详情到下一章再说。

尧一直想让出天子这个位子。

他已经太老了，也太累了。先是十日当空，大地热得像火烧一般，现在又是洪水漫天，灾难不断。他一直找不到可以接他位子的人。

他的儿子丹朱是不行的。丹朱性格傲慢，又喜欢四处游玩。尧也曾着力培养过他，专门为他发明了围棋，花心血教他。丹朱很感兴趣，学得也好，不久就成了天下第一的围棋高手。可是性格还是没改过来，甚至变本加厉。洪水来的时候，他看到人们乘船往来，觉得好玩。洪水退了，他还常常坐在船上，让人们在浅水里推着船玩。白天玩不够，夜里继续喧闹，呼朋引伴，在家里淫乐。

“我如果把天下让给丹朱，是丹朱一个人得好处，却害了天下的人。这不行。”尧说。

尧找到许由。许由是有名的贤人。

“先生，你来当天子，天下就一定能安定。请允许我把天下让给你吧。”

“你把天下治理得已经很不错了，何必还找我来呢？我对我现在的生活很满意，我就不越俎（zǔ）代庖（páo）了。请回吧。”

尧走了之后，许由担心他还会再来，就搬到了箕山脚下的颍水边，开垦了一块地，耕田而食。过了一段时间，尧又派人找到他，说你如果觉得当天子不好，能不能当九州长？许由挥挥手，把人赶走了。人走了，他心里还不痛快，觉得请他出山的话，把耳朵都听脏了。就跑到颍水边，用手掬了水洗耳。正洗的时候，他的朋友巢父牵着一头牛过来喝水，就问他在做什么。

许由一说，巢父气得脸色都变了：

“你如果住在深山里面不出来，谁又能见到你？谁又知道你？你自己出去东游西荡，求得了名誉，现在又跑到这里洗耳朵。把这水弄脏了，我的牛怎么饮水？”说完，巢父就牵着牛到颍水上游去了。

尧又找到子州支父。子州支父比较谦和，说：“我来当天子也是可以的。可是不巧啊，我刚得了一种‘幽忧’的病，正要治，实在是没空来管理天下呢。”

尧做了七十年的天子，有人推荐了舜。他又一直不放心，又考察了舜二十年，才退下来，把位子让给他。

据《竹书纪年·五帝纪》上说，尧退休之后，生活在平阳，过得很孤独。

尧的陵墓在今天临汾城的东北。陵前有座祠宇，相传是唐太宗带兵路过这里时建造的。

羿死于对人的信任。鲧死于刚直。尧死于孤独。然而死亡不是终点，他们的品质将永远流传。

“禅让天下”“鲧窃息壤”“后羿射日”“嫦娥奔月”，美丽传说的背后，又有着难以言说的曲折往事。往事不断地被人们淡忘，然而时光的风，偶尔会吹动历史的帷布，露出蛛丝马迹。人们有选择地遗忘，或许是希望通过遗忘，生出理解的宽容。

第九章 舜

最后的禅让

是人性的高贵还是万般无奈

风里隐约传来哭声。旷野里，跪着一个孩子，才十岁多。他仰面朝天，满脸都是泪水。一边哭，一边不停地喊着妈妈。

他的妈妈已经不在了，早就死了。

他的爸爸重又娶了一个妻子。这个后妈总是打他。爸爸也打。开始的时候用手，用竹棒，他就挨着，一声不吭。后来，竟然拿起粗粗的木棒，没头没脑就砸过来了，他只好逃掉。如果不逃掉，就被打死了。可是能逃到哪里去呢？他只能来到这无人的旷野里，对着天哭泣。他想，如果妈妈在就好了，就有人护着他，他就不会受这样的苦了。

这个孩子叫舜。因为眼睛里长着双瞳，又名重华。他的父亲是个瞎子，人又糊涂得厉害，人们叫他瞽叟（gǔ sōu）。瞽叟眼睛看不见，手里总抱着一把长方形的瑟，一天到晚叮叮咚咚地拨弄着。瑟本是伏羲造的，有五十根弦。黄帝听素女弹奏，听着觉得太悲伤，就去掉一半的弦，变成二十五根。瞽叟还觉得弦太多，他只要弹上去有个曲调，热闹就行，就又减了十根，变成十五弦。舜只要听这瑟的声音，就知道父亲的心情。如果父亲心情恶劣，他就躲得远远的；父亲心情要是愉快，他就回家来。

父亲和后母原先对他还没有这么暴虐，转折点是他弟弟象的出生。有了象，后母一心要把他害死，好让象成为唯一的继承人。

象从小就顽劣刁蛮，对舜总是吆三喝四，稍微有点不如意，就向父母告状。免不了，舜又得挨一顿毒打。舜对他小心翼翼，时刻看他的脸色。要是象高高兴兴，他就能安稳一会儿。要是象不高兴了，舜就紧张了。父母总是在找借口责罚他，而且每次都是往死里打。

这样的日子一天天地熬着。舜终于稍稍长大了，他立即离开家，跑到了历山。

历山离舜原先姚墟的家也不远，是一座才七八米高的小山，孤零零地立着，周围有一大片荒地。舜一个人跑到这里，盖了一座草棚，开出一块地，勤恳地耕种起来。他日出而作，日落而息，独自一个人过活。虽然孤单，却自由自在，再不怕有人责罚了。然而靠自己一个人，耕不了多少地。历山附近常有成群的大象出没，他就想办法驯服了一头象。人们看到大象耕地的情景，惊呆了，把舜看作神人一般。大象耕起地来，又快又好。大家就一个个来跟他学。舜从小被家人欺侮，在忍让中养成了好脾气，知道该怎么与人相处。他就尽心教他们驯象，帮他们种地。来历山的人越来越多了。

本来不大的一座山，周围的土地很快就被瓜分。地少人多，彼此之间因为田界的事，常常有争执。舜不计较。若是有人占了他的田地，他就让一让。这么让来让去，辛辛苦苦开垦出来的田地，慢慢就没有了。天下之大，总有立足之处，那就换一个地方从头开始吧。舜简单收拾一下行李，又独自一人上路了。

这一次，他去了十多里外的雷泽。

舜一走，历山下的人们若有所失。想起舜的大度与好脾气，扪心自问，都觉得惭愧。他们再也不好意思争来夺去，田界能让就让一让，尽量和睦相处。

雷泽是很大的一片水域。伏羲的母亲就是在这里踩了雷神的大脚印，回家后怀孕的。雷神后来被黄帝派人杀死了，用他的骨头做成了敲鼓的槌。这是一大片丰饶的渔场。既然种不了地，舜就改行打鱼。

雷泽里的水域，也是有好有坏。舜有种特别的本领。他知道哪里的鱼多，几乎每天都有好的收获。人们就跟着他，舜在哪里打鱼，他们就在哪里打。舜看到人多起来，就把新发现的好渔场让给他们。他不与人争夺，去找下一个渔场。人们呢，尾随而至。万事最好忍让，不让又怎样呢？舜就再换地方。就这样，舜把找到的好渔场，一个一个让给了别人。虽然雷泽广大,可是渐渐地,舜也找不到更好的渔场了。

舜只好再次离开。

雷泽的渔人，没人一直霸占一处水域，谁都可以来。这是舜留下来的谦让传统。当年，他可是连自己的居所都让给别人的。他走了，留下个好风气。

这一次，舜跑到了黄河边上。离雷泽也不太远。他改行制陶。

舜是聪明人，做一样精一样。很快，他就掌握了制陶的秘诀。他做出的陶器又好看又结实，要的人很多。舜制陶的名声很快就传了出去。这是一门好手艺，很多人都要来学，舜就教他们。舜制陶的手艺代代相传。周朝时，舜的一个名叫阏父的后代，因为制陶的手艺精湛，被周文王请去当了陶正。周武王甚至把自己的长女大姬嫁给了他的儿子妫（guī）满，并封他做了陈国的王。

制陶需要帮手。舜欢迎人们来做他的学徒。来的人多了，这里就热闹起来，慢慢竟成了四乡八里的制陶中心。陶器家家都要用，络绎不绝的人拿粮食鱼肉来这里交换。一年下来，这里慢慢聚集成了一个小村子。到了第二年，就成了热闹的镇子。第三年，几乎就是一个小城了。舜终于有了一个安稳的生活，再也不用东跑西跑了。

有人问舜，你在历山耕田，最后田地都不要了。打鱼呢，连自己的房子也让给了别人。为什么啊？舜说，我小时候日子太苦了。父母弟弟对我那样，我都默默忍了下来。能让，就让一让。对人好一点，自己过得也舒服。计较太多，只有更苦。

苦难不只是能酝酿美德，也许还有隐忍与不甘，还有不可遏止的努力向上的意志。人们把这样的忍让、努力与意志，解释成“棒打出孝子”。于是舜“孝”的名声远远传扬开去。

这个时候，尧已经老了，正在四处寻访贤才，好把天子的位置让出来。有一天，大臣们跟他说，有个舜，是个纯孝之人。他的父亲糊涂，母亲自私，弟弟顽劣，他还一心感化他们，尽孝尽心。尧听说过舜，但是不知道他真正的为人怎样，就说：我来考察考察。

尧考察的方法很特别。他把自己的女儿娥皇和女英嫁给了舜。他要看看舜是怎么管理一个家的。如果能把这样一个复杂的家管理好，应该也能治理好天下。

喜从天降。舜放下手上制陶的活计，赶紧迎娶新娘。

尧送的嫁妆十分贵重。一张琴，几件细葛布的衣裳，一群牛羊，还给他盖了藏粮食的仓库。

舜把家安在离父亲不远的地方。这样可以让妻子更方便去照顾他瞎了眼的父亲。尧看中他，正是因为听说他是个“孝子”。父母越是对他不好，他反过来就要更对他们好。不管怎么说，不能让尧觉得看错了人。

舜的父亲、后母和弟弟，弄不清舜怎么交了这样的好运。看他的日子突然红火了,更是嫉妒万分。三个人合在一起密谋。要是把舜弄死。照族里的规矩，舜一死，财产就归他们了。

瞽叟来喊舜，要他去帮忙修理谷仓。舜答应了，放下手里的事赶过去。

等舜爬到屋顶上，刚掀了茅草要修理，瞽叟就抽掉上屋的梯子，在底下点起一把火。木头搭成的房子，火一点，腾一下就烧起来了。加上这是一个大风天，火很快就蔓延开来。整个屋子一下子成了火海。后母和象都跑出来看，站得远远的，哈哈笑着。瞽叟也跑到一边，听着火烧木头的噼噼啪啪的声音。

舜惊惶起来，火苗已经烧到脚下了。左看右看，旁边只有一个遮太阳的大斗笠。竹子做的，还算结实。舜也没有其他办法，就双手举起斗笠，牢牢地抓着，纵身往远处一跳。因为是个大风天，风托着斗笠,虽然吃不住人的重量,可是毕竟让人往下落得慢了些。舜跌在地上，挣扎着爬起来，动一动，还好，没有受伤。

过了些日子，瞽叟又来喊舜，让他去帮忙淘一淘井。娥皇、女英不让他去。上回的事她们都知道，恐怕这一次去又没什么好事。舜说，父亲来喊，不能不去，小心就是。

舜下到井底下，正挖着，系他下来的绳子就被割断了，掉在了他的头上。舜刚要仰头，上面的泥就如雨点一般落下来。舜大声叫喊，没人答应，只有回声嗡嗡地响着。泥还在不断地往下落。

象在井外面，使劲地挖泥填埋，满头满脸都是汗。下面一点声音也没有了。象收住手，回头跟站在身后的父亲母亲说：“这回算是死了。”

“这个主意是我出的。”象和父母回到家里，开始商量财产的分配，“两个嫂子归我，另外，那张琴也归我。其他的就都归你们两位老人家。”

瞽叟和妻子欢喜地点点头。

象跑到舜的家，娥皇和女英迎出来。象说，不好了，舜淘井被压在里面死了。姐妹两个一听，失声痛哭起来。象自己进了屋，东看西看，找到了挂在墙上的那张琴，取下来，摆好，铮的一声，试了试弦。

这时候，瞽叟在妻子的搀扶下也走了过来，他用手到处摸索着。房子、牛羊，家里的用具，都是他们的了。

象已经调好了音，快活地弹奏起来。在琴声里面，隐约夹着里屋两姐妹凄凉的哭声。

琴正弹得好，舜进来了。象一抬头，表情立即凝固在脸上，嗫嚅着说道：“我、我正在想你呢，心里很难过。”

舜说：“是。我知道。”

舜被埋在井里，没办法，就朝旁边挖，然后斜斜地朝上挖，好不容易才挖了一个洞，从里面爬出来。

这一次，瞽叟和象都知道自己做得太过分了，打算摆一桌酒席，请舜来，好好向他道个歉。

舜在家里迟疑着。他的心已经被彻底伤透了。他也知道，这一次，他们是一不做而不休，一定要他的命了。去，白白送死。不去，孝的名声从此就败了。

娥皇说，不就是喝酒嘛，我给你一粒药，你吃了去，保你没事。她们姐妹毕竟是尧的女儿，懂得一些舜不知道的手段。舜不明白，可还是听她们的。

到了晚上，瞽叟和象亲切地陪着，后母也热情地倒酒，一杯一杯。家里一缸酒都要见底了，舜还不见醉。他们原本知道舜的酒量，想等他喝醉，一刀把他杀掉的。可是看他倒像是越喝越清醒了。只要舜醒着，就不好动手。因为舜虽然看起来相貌平常，皮肤黑黑的，脸上没有胡须，个子也算不得多高，可是因为一直辛勤干活，手上却有把力气。象绝对不是他的对手。

夜已经深了，酒也没有了。舜告辞回家。象自己的舌头都直了。垂头丧气地坐着，说不出一句话。

尧听女儿们说了舜的事，沉吟半晌。舜能忍，这一点是无疑的了。可是其他能力怎样呢？

《史记》上说，尧让舜监察朝中的官员，官员们的工作就有条不紊。又让他迎接外宾，来访的人都感到很愉快。然后再派他去考察山林川泽。有一次，舜进到大森林里，遇到暴风雨，人人以为他会迷失在里面，没想到他还是走了出来。尧认为，暴雨中的大森林，如此错综复杂，舜都能轻而易举找到回家路径，这是圣人才能做到的啊，管理国家不就是这样吗？就下决心把位子传给舜。这时候，对舜的考察已经三年了。

在这三年里，并不是人人都认可舜的。韩非子在《外储说》里写道："尧欲传天下于舜，鲧谏曰：'不祥哉！孰以天下而传之于匹夫乎？'尧不听。"共工也说了同样的话。尧还是不听，选了一个好日子，把天下让给了舜，自己退下来，颐养天年。

舜做了天子之后，性格慢慢有了变化。从前的他是质朴恭谦、委曲求全的人，现在变得霸气十足。

舜到四方去巡视了一圈。回来之后，先是杀了治水的鲧。鲧是朝廷里最有能力的大臣，却反对尧把位子让给舜。在舜巡视到他治水的地界时，召见他，他也不肯来。他治水的工作，也没有完成。舜下令把他给杀了。

尧当初咨询谁可以接他的帝位时，大臣讙兜说共工善于聚集人力，做成了许多事业，可以让给他。这个共工是那个触倒不周山的共工的后代，因为能力强，尧让他负责国家的水利建设和房屋建筑。但把帝位让给他，尧觉得他还不够。共工也像鲧一样明确反对把帝位传给舜。舜接了帝位，说共工是个骄纵邪恶之人，把他流放到幽陵。那个推荐共工的讙兜呢，舜把他流放到南方的崇山。讙兜是颛顼的儿子，心高气傲，气愤不平，投南海死了。《山海经》记载，南方有个讙头国，那里的人长着鸟嘴，身上有翅膀，以海里的鱼为食。《神异经》上又说，这种人很厉害，不怕风雨和禽兽。他们就是讙兜的后代。

三苗一族这时也起来叛乱。舜用武力把他们打败，让他们迁到遥远的三危山。后来周穆王西游的时候，还曾遇到过这些被放逐的人的后代。他们在那里建立了一个国家，叫重氏之国。三苗是一个大族，他们的祖先就是与黄帝血战的蚩尤，那时叫九黎。他们身上流着桀骜不驯的血，不断起来造反，又一败再败，子孙流散到各地。

在舜登基为帝的时候，有一个远方国家派了使者来祝贺。因为他们听说舜是一个孝子，这和他们的传统是一致的。这个国家名叫孝养之国，据说跟蚩尤是同族的，一般人都能活到三百岁。他们用茅草或者树皮编织成衣服。人死了就放在旷野里。这时野兽会为他挖一个坑，鸟儿会衔来泥土盖在上面。家里人会为死者雕一个像，供在家里，当他还活着一般对待。这里的人一个个骁勇善战，牙齿能咬得动金石，手上有千钧之力。用手挖地，竟能挖出泉水。他们还善于驯养禽兽。甚至到海里捉蛟龙回来养在家里，留到祭祀的时候用。他们的到来，让舜特别高兴。远远近近，大大小小的国家诸侯，终于都臣服于他了。

这个时候，南到交阯、北户，西到戎、氐（dī）、羌，北到山戎、发、息慎，东到长夷、鸟夷都成为舜的天下。舜让乐官夔作曲来歌之咏之。

据说夔只有一只脚，却有音乐的天赋，尧的时候就是有名的乐官。他曾经聆听山川溪谷的自然天籁，写出听了就能心平气和、神游天外的《大章》。到了舜的时代，又被委以重用。黄帝战蚩尤时，曾在东海里捕杀了能发出巨响的独脚神兽夔，用它的皮蒙成了鼓。或许是因为此人作的曲好，有一种如夔鼓般的魔力，而且，又都只有一只脚，就给他取名为夔了。

据说他作的曲子，用石磬敲击起来，连飞禽走兽听到了也会随之起舞。他创作的名曲《九韶》更是名满天下。后来孔子听到了《九韶》之后，竟然“三月不知肉味”。感慨万分地说，这已经是“尽善尽美”了。

据说《九韶》改自帝喾的《九招》。又有人说是由禹创作的。

禹是鲧的儿子。鲧因为治水不力，被杀死了。尸体被扔在羽山底下，过了三年也不腐烂。有人用吴刀把他的肚子划开来，生出了禹。

鲧死了，洪水依然四处肆虐。大家都说禹能治水。舜就说：“禹，汝平水土。”

父亲鲧因为治水不成被杀了，禹心里既害怕又紧张，工作起来不分日夜。在外奔波了十三年，有三次从家门口路过，听到儿子在里面哭，他也不敢回家看一看。大水终于被他成功治理，驯服平静地东流入海。天下再次安定下来。

舜是知人善任的。他令大禹治水，又让皋陶（gāo yáo）管理司法，伯夷负责礼，倕管建设，益掌山泽，弃管理农业，契（xiè）负责教育，由龙接待宾客。这些人在尧时，就被任用了，但没有清晰的分工。现在舜让他们各司其职，各尽所能。

皋陶的长相比较奇特，脸色青中带绿，嘴长长的，朝外伸出来。皋陶是个铁面无私的人，什么疑难的案子到他手上，立时就能断个明白。他有一个好助手，是一头神兽，叫獬豸（xiè zhì），有牛那么大，额上长着一支独角。它听得懂人的话，辨别是非曲直。两人相争，它会用角把理亏的人触倒。在南京明孝陵的神道上，至今还立着这神兽巨大的石雕。有了这么一个帮手，皋陶自然就断案如神了。

掌管礼仪的伯夷知人善用，就是他向尧推荐了舜。现在舜即位为帝，他又辅佐舜来治理天下。倕呢？他是帝喾的孙子，又叫有倕、巧倕，是当时最著名的能工巧匠。他灵巧的手指，几乎无所不能，创造出了许多奇异的器物。后来的青铜器上，还铸着他的样子。由他来管理全国的建设，那是极合适的。

弃就是小时候曾经一再被抛弃的后稷，在乡下练成了种植庄稼的好本事。据说稷和麦就是他培植出来的。尧赐他姓姬，是后来周人的始祖。担任司徒的契，就是《诗经》里写的“天命玄鸟，降而生商”中商人的始祖。他是帝喾的儿子，也是一个极有能力之人。在他的教育之下，天下很快就百姓和亲。而那位使得远方之人都慕名而至的龙是怎样一个人，不清楚。或许是个擅于养龙之人，才以龙为名。刚刚就有人献了两条毛龙给舜。来人的国家叫南浔国，那里有个很深的洞穴，直通地脉，里面生活着毛龙、毛鱼。有时候它们会浮上来在水泽里蜕骨。大概就在这时，人们抓了两条，一雌一雄，就给舜送了过来。舜特意安排了会养龙的豢龙氏养着。

能干的大臣们还有秦始皇的祖先益、长寿的彭祖等，这些能力非凡的大臣，有几十人，舜一一给他们安排了合适的职位，让他们各展所长。这些人里面，立功最大的是禹。治水的禹牺牲了个人的安逸，却在牺牲的过程中赢得了天下人心。舜此时唯一能做的，就是顺应民心，立禹为继承人，并且，还得显示出对禹的无比推崇，这才是贤人的样子！于是，舜要求让皋陶立下法令，要求众人都以禹为榜样。

时光如飞。舜三十岁时，尧把两个女儿嫁给他，五十岁时摄行天子之事，尧退休。舜五十八岁时尧去世，六十一岁正式即位为帝。一百岁时，在苍梧之野去世。

《史记》上说舜是到南方去巡狩的时候，死在了苍梧之野。苍梧山又名九疑山，舜就葬在这座山上。所谓巡狩，就是巡行视察诸侯的业绩。舜在年轻时，曾受尧的命令，替他去巡狩四方。

《淮南子·脩（xiū）务训》上又说，舜是去征伐三苗时，死在苍梧的。三苗一直不肯降服，不断起兵争斗。尧时征过三苗，舜曾派兵征过三苗，后来禹又征伐三苗。

然而巡狩和征三苗这两种说法，都很可疑。《尚书》上说舜九十三岁时，觉得处理政务已经很疲倦，把帝位禅让给了禹："汝惟不怠，总朕师。"——你是不会懈怠的，替我统领人民吧。怎么到了一百岁，还有精力亲自去边疆巡视，甚至上战场杀敌呢？司马光说，如果舜能亲自去巡狩，干吗多年前就把位子让给禹？他猜测舜没有远行，就死在中原。

又有人说，舜一定是出走了，而且是迫于无奈出走的。他离开国都的时候，几乎是独自前行，只带走了儿子商均。那么多有名的大臣，竟然没有一个随行。而且走得很匆忙，妻子娥皇与女英都没来得及一起走。是舜先走，她们才在后面赶来。她们终于没有追上舜。到湘江时，就听到舜去世的噩耗，两个人抱着身旁的翠竹失声痛哭。哭了一番之后，投湘江自尽了。那些被她们泪水浸染的竹子，早已变得斑斑点点，而且再不消退，仿佛要永远刻着她们心中的思念与悲伤。娥皇、女英死了之后，被封为湘水之神。这些泪迹斑斑的竹子就叫潇湘竹，又叫湘妃竹。

逼舜的是谁呢？只有禹。禹是不会忘记父亲的惨死的。舜唯一能做的，只有远远地离开中原。到哪里去呢？到弟弟象那里去。

舜即位为帝后，把弟弟象封在了有庳（bì）。有庳就是有鼻，又名鼻墟。或许因为象封在这里，就顺着他的名字，叫这里为有鼻了。

孟子的学生万章曾经问他："象不仁到极点了，舜还把他封在有鼻。别人不仁，舜就诛杀。自己弟弟就分封，为什么？"

孟子说："自己当了天子，不应该让弟弟穷困潦倒。其实也不算是封他。舜是派了官吏来管理这里的，只是让象有个地方生活罢了。所以，也有人说舜其实是把弟弟放逐了。"

据说象封到有鼻之后，改恶从善，竟然把这里治理得很好。他死之后，人们还给他立了祠祭祀他。这座象祠，直到唐朝才被一个叫薛伯高的刺史毁掉。

象所在的有鼻，就在苍梧山旁边。舜去世之后，象还经常来苍梧山祭祀他。

据说舜死之后，一种名叫凭霄雀的鸟，衔土为他垒成了坟。这是一种成群结队的奇鸟，嘴里能吐如云雾般的五色彩气。它们有时在丹海边上玩闹，有时飞到苍梧山。它们来的时候，会衔来一种青砂珠。鸟儿太多了，一粒一粒堆起来，竟然积成一个珠丘。这些珠子非常细小，风轻轻吹过，会飞起来，就像尘埃一样浮在空中。所以又叫珠尘。这些珠尘后来慢慢变成了石头，据说有采药的人，还曾在山里捡到过。圆圆的小石子，光光滑滑，闪着青光。

奇怪的是，尧的儿子丹朱也随舜来到苍梧山。《山海经·海内南经》上说："苍梧之山，帝舜葬于阳，帝丹朱葬于阴。"丹朱与舜本有过矛盾，或许在晚年他们又和好了。舜毕竟是他的姐夫。或者，他们从来就不曾失和。或许，他们只是遇到同样的迫害，一起亡命而已。

尧把帝位让给舜。舜把帝位让给了禹。这是我们赞叹了几千年的禅让。这禅让的背后是人性的高贵，还是有着万般的无奈？

第十章

禹

他到过的地方

比大地的尽头还要遥远

天慢慢黑下来，雨一直下着。远远看到村子里亮着星点的灯火。这已经是第三次从家门经过了。禹叹口气，还是来不及回家。可是毕竟到了村口，从家门口过一下吧，来不及进门，从窗户里看一眼也好。

窗户里透出黄黄的灯光。一个孩子呱呱地哭着，有人轻声哄着，可是孩子仍旧哭个不停。是启在哭。禹犹豫了一下。他本想看一眼儿子，再换两件衣服的。他身上的衣服已经破烂不堪。裤管也被荆棘和山石刮成了碎片，腿就一直光着，青一块、紫一块。可是他不敢推门进去。怕一进去，就会耽搁很长时间。

父亲鲧因为没把洪水治好，被杀了。说不定，自己哪天也会被杀。自己一个人死也不可怕。洪水已经从中原一直泛滥到空桑曲阜了。几乎整个天下都淹在水中。已经不知道多少人淹死、饿死了。每天都有人在死去。

启是个可怜的孩子。据《淮南子》记载，他出生的时候，妈妈就不在了。她变成了一块石头。

禹因为忙着治水，到三十岁时还是孤身一人。治水到涂山的时候，他向天祷告：如果我会有妻子，就给我一个吉兆吧。正祷告着，一只长着九条尾巴的白狐狸从面前一晃而过。禹很欢喜，因为涂山正流传着一首歌：遇到九尾白狐，可以成家成室。禹就娶了涂山一位叫女娇的女子。

结婚才四天，禹就匆匆走了。洪水无情，一样一样急事，都等着他去安排。

禹走后，涂山女天天爬到山上往远方眺望。可是禹一去不返。涂山女忧伤地唱道："候人兮猗！"《吕氏春秋》上说，这是南方诗歌的开始。涂山女等不到禹，决心去找他。找禹是容易的。一路上人们都在说他治水的事。涂山女在轘（huán）辕山找到了禹。洪水被这座大山挡住，咆哮着，浪花飞溅。

禹正想方设法把轘辕山打通，连回家吃饭的时间都没有。涂山女来了正好，每天可以给他送饭。禹嘱咐她："你听到鼓声之后，再送饭过来。不能早。"

禹不让她早来，是怕吓着她。靠人力一时是没法打通这座山的。禹变成一头巨熊，亲自来挖山。他挥舞着粗壮的熊掌，把山石雨点一般往旁边抛掷着。一不小心，一块石头扔到了召唤妻子送饭的鼓上。嗵地响了一声。禹没在意，还在拚命挖着、扔着土木石块。

家里的涂山女，饭早已做好，就等丈夫的信号。远远听到鼓声，只一响，就连忙提了篮子送饭过来。到了山前一看，哪里有禹，只有一只大熊，正咆哮着在挖山。涂山女手一松，篮子掉在地上。装着饭菜与水的陶罐一下子摔成了碎片。禹听到声响，慢慢回过头。一看是送饭的妻子，直起身便朝她走过来，完全忘了自己还是一头大熊。涂山女吓得啊地叫一声，转身就逃。禹大喊：不要跑，是我是我。一边喊，一边在后面追。他不知道，他发出的只是熊吼。

涂山女一直跑到嵩高山的底下才停住脚，她再也跑不动了。禹已经追到她的跟前。涂山女一急，变成了一块人形的大石，一动不动了。禹站住脚，顿时变回人形。一看妻子这个样子，眼泪都要急出来了。妻子还正怀着身孕呢。他大声喊道："你变成石头了，孩子呢？"石头的肚子忽然裂开来，里面一个婴儿哇哇大哭着。禹抱出来，给他取名叫启。

治水的禹自然没法抚养儿子，只得送给家人。儿子长得多大了？禹不知道。三次经过家门，都没能看他一眼。

禹从父亲治水中得到了教训，改堵为疏。他把四处漫延的水引入小河，小河引入大河，大河再引向东海。水干了，陆地露出来，益放火把杂树杂草烧掉，带人平整为田地。后稷接着教人们耕作播种。他们相互配合，荒凉的大地上，终于又升起了袅袅炊烟。

禹整天不知疲倦地忙碌着。他有两个得力的帮手。一个是应龙。应龙被黄帝请过来与蚩尤作战，神通受损再也回不到天上，住在东海的凶犁土丘山上。洪水这么大，四处白茫茫的，不知道把水往哪里引。禹把应龙请过来，让它用尾巴在前面画出线路。人们跟在后面挖，就可以把水引到大河里了。另一个帮手是一只黑色的大龟。龟背上驮着一种青色的泥。有人说这就是禹的父亲鲧当初从天上偷来人间的息壤，后来天帝派祝融收了回去。到禹治水的时候，不知道为什么，又主动赠给了他。或许是对鲧下手太狠，心有所愧。治水是少不了息壤的。有些地方要挖，要疏通；有些地方必须填起来，让它成为高地。大龟的颈子上还挂着一方印，印章上刻着非常古老的文字。禹每通过一个山岭，就在开凿之处，沾一下龟背上的青泥，盖一个印。这或许是想给后人留下记号，万一再发生洪水了，知道从哪里入手。

《拾遗记》上说，这只大龟是河伯的使者。河伯十分关心大禹治水。

有一天，禹站在黄河边上察看水势，河里突然冒出一个长身子的神来。他长着白白的一张脸，却是鱼的身子。他说：“我是河精。”这是谦逊的话，其实他就是黄河水神河伯。他递给禹一张河图。一转身，又消失在滔滔的黄河水中。禹拿在手中一看，黄河流域大大小小河流的长短流向，全都明白地画在上面。禹的心里一下子就亮堂起来。

禹导引着黄河水流到龙门山。水愈近，愈被两岸的大山夹得紧紧的。河水暴怒了，横冲直撞起来，一时间浊浪滔天，却又无路可走。又折回头，倒灌而出。刚刚平静的原野，又是波浪滚滚。禹让人用巨斧开山，硬生生地在大山之中劈出一座百步宽的石门。

黄河之水，一泻而下。

这座巨大的门，因为是大禹所开，就叫禹门，又叫龙门。之所以叫龙门，是因为一个很有意思的传说。

每年春天，桃花盛开之时，流往黄河的河川里，会游来无数的鲤鱼。它们要从这里逆流而上，跃禹门而出。如果有鱼跃过禹门了，就会风雨大作，鱼化为龙。于是这座门又叫龙门。

禹在开凿龙门的时候，经过一个岩洞。很深，里面黑乎乎的。禹燃起火把往里走。走下去十多里，有一只长得像猪一样的兽，嘴里衔着一颗夜明珠，像点着一支蜡烛。旁边是一条青色的犬，吠叫着在前面引路。禹跟着走，又走了十多里，洞里慢慢变得亮起来。前面是一个大殿，里面坐着许多神人。中间一个，高大而威严。这便是东方天帝伏羲。伏羲勉励了禹几句，给他一只玉简，让他去度量大地。有了这个玉简，加上河伯送他的河图，禹治起水来，就更胸有成竹了。

这次洪水的罪魁祸首，据说又是水神共工。共工与颛顼争夺帝位，发生了一场大战。共工被重和黎打败，气得一头撞塌了不周山，使得天崩天裂，洪水滔天。共工也趁机逃脱。后来幸好有女娲补天，人类才又得救。到了帝喾即位，追究重和黎的责任，说他们没有杀死共工，让他逃脱了，才造成这个天大的祸事。竟把他们杀了。让吴回接替黎做火正祝融。

兴起这场大洪水的是从不周山逃走的共工，还是他的后代，那个被尧舜放逐到幽州的共工？史书上没有明说。

禹与共工又是一场大战。

当年的共工与重黎大战时逃到昆仑山的怪兽相柳又出现了。

相柳有九个头，每个头张开口，就能吃下一座小山的土。禹刚刚筑好的堤坝，它一口就吞掉了。水又汹涌而出。它的嘴里还不停地吐出苦涩的脏水，恶臭的味道鸟兽闻到都会被毒死。禹有好几条龙做帮手。应龙虽然神力减弱了，可对付相柳还是不在话下。相柳这一次没能逃脱，被禹捉住杀死了。没想到，相柳一死，血流满地。它的血腥臭无比，流到哪里，哪里就寸草不生，很快就形成一大片可怕的沼泽。禹用土填平，很快又塌陷。填了三次，塌了三次。没办法，只好把被它污染了的土挖出来，堆成一个高台。这个台，据《山海经》记载，在昆仑山的北边。

共工这一次，算是彻底失败了。自此之后，他再也没有出现。

大禹治水的路上，不知道遇到了多少猛禽怪兽。其中最厉害的一个叫无支祁。

无支祁住在桐柏山，是一只白头青身的猿猴，火眼金睛，往来如飞，力气比九头象还大。颈子伸出来，有一百尺长。可见何等巨大。它知道江淮的深浅，原野的远近。不仅会说话，而且善于应对，自封“淮涡水神”，手下有几千个山精水怪。整个桐柏山，常常被他搅得狂风大作，电闪雷鸣，树木巨石发出阵阵怪叫。淮水也是波涛滚滚，四处漫溢。禹先派了大将童律前去捉拿，童律被打败了。再派出大将乌木由，也是败兵而回。禹又派出庚辰。庚辰手舞大戟，一场血战，终于把无支祁擒获。禹用大铁索锁住无支祁的颈子，用金铃穿住鼻子，把它压在淮阴龟山的脚下。淮水这才风平浪静。

据《太平广记》记载，在唐朝永泰年间，有个渔夫，夜里在龟山底下钓鱼，发现一根巨大的铁索。汇报上去。刺史李汤派了几十人加上五十多头牛，才拖动铁索。铁索缓缓上移，突然之间，河水翻滚，一头巨猿闭着眼睛随着铁索从水中走上岸来。好奇的人们指指点点，争相围观。巨猿突然睁开眼睛，目光如电，一声巨吼，发起怒来。围观的人群吓得四散奔逃。巨猿没有追赶，四处看看，又慢慢回到水中。水面重归平静，巨猿再无声息。这就是大禹锁在这里的无支祁。民间传言，这个无支祁，就是那位大闹天宫的美猴王孙悟空。

大禹奔波了十三年，终于把洪水治平。回到都城，舜给他庆功。过了几年，舜决定把帝位禅让给禹。

大禹推辞不肯，说让给皋陶吧。舜说：你信守诺言，治平了洪水。生活节俭，不自满不自夸，你是一个贤能的人。我褒扬你的美德，嘉许你的功绩。就由你即位吧。

禹说，还是占卜吧，有功的大臣们。谁得到吉卜就由谁即位。

舜说，我的决心已定，不需要占卜。你不要再推辞。

这年正月初的一个吉日，禹在帝尧的祖庙，像舜受命于尧时那样，接受了舜的禅让。过了十七年，舜巡狩到苍梧之野时死了。三年丧毕，禹在阳城登上天子之位，定国号为夏。

禹即帝位后，来到江南的会稽，召集四面八方的诸侯。这是宣示一个王朝建立的重大集会。他将在这里号令天下，把一个松散的联盟，构建成一个强有力的国家。所有的部落、诸侯，大大小小的王都到了，只有巨人族防风氏没来。

禹静静地等待着。许多人都在传言，防风氏对禹不服，防风氏并不愿意归到夏王国的管辖。

防风氏终于来了。据《国语》记载，防风氏一来，就被禹杀了。这位巨人有多大呢？倒下来占地九亩。他的一根骨头就能装一车。防风氏一死，与会之人无不胆战心惊。如果说治水是禹恩泽百姓，那么杀防风氏，就是威服天下。恩威并施，再也没人敢各行其是。《路史》上说：“防风氏后至，戮之以徇于诸侯……而万国定。”天下就这么平定了。

防风氏一死，他的族人四散逃亡。多年之后，禹到边疆去巡视，走到南海，正好遇到防风氏的两个逃亡的臣子。两人对大禹杀死防风氏心怀愤恨，远远地发箭射他，没有射中。他们不愿被捕，拔出刀往自己心上一插，自杀身亡。大禹为他们的忠心感动，伸手拔出他们身上的刀,用一种不死草把他们救活。此后,这两个人的后代就世居南海,人人胸上都有一个洞。这就是《山海经》里所说的贯胸国。

到了春秋时期，吴国与越国发生一场大战。吴军攻陷了会稽，在山上挖出一根大骨头。不认识。后来使者出使鲁国的时候，就把骨头装在车上，带过来向孔子请教。孔子说，这就是防风氏的骨头啊，他是汪芒氏一族的君主。在夏朝叫防风氏，商朝时叫汪芒氏，周朝时叫长狄氏，就是现在的大人国。他们的个子有三丈多高，这已经是人身高的极限了。

禹的帝王生涯，几乎都在边疆巡视。不知道去了多少奇异的地方。有人说,《山海经》就是陪同他治水与巡狩的人的笔录。事实上，他走得比这还要远。

往东，禹一直走到了日出之处。这里有许多山、岛和国家。有个青丘国，让他无比惊奇。这里竟然是九尾狐狸的故乡。这可是当年给他带来吉兆的神兽，没想到在这里又遇上了。而且一点不稀罕，到处都是。九尾狐的叫声像婴儿的啼哭，听得有点瘆人。性格可一点儿也不温驯，看到人就扑上来，咬死吃掉。这里还有一种叫灌灌的鸟，长得像鸠，叫声很奇特，像人在呵呵笑。

禹从青丘国又到了旁边的黑齿国。这里的人长得黑乎乎的，连牙都是黑的。他们以稻米为食,喜欢养一种红色的蛇。养大了,也会吃掉。

最南边呢？禹一直走到了羽民国和裸民国。

羽民国的人身上长着翅膀，但是飞不远。这里有很多彩色的鸾鸟。他们就以鸟蛋为食。裸民国的人一年四季都不穿衣服。禹为了尊重他们的习俗，进去的时候也脱光了衣服，离开的时候再穿上。

再往西，很远的西边有个奇肱（gōng）国。据说离玉门关还有四万里。禹不知道怎么走到了那里。奇肱国的人手艺好，喜欢搞各种发明创造。他们会造一种小小的飞车。架在高处，等到刮起大风了，就坐在车上飞起来。在商汤时，曾经刮过一场大西风，有一个奇肱国的人乘了一辆车飞到了豫州。不知道为什么，汤王不想让人们看到这辆车，就砸坏了。等了十年，终于有一场大东风吹过来，这个人就又造了一辆飞了回去。

禹往北也走得很远，一直走到了冬神玄冥——也就是北海之神禺强住的地方。这里太冷了，到处是光秃秃的冰雪荒原。禹没有停留，赶紧往回走。没想到迷了路。抬头一看，到了一个瑰丽神奇的世界。没有风霜冰雪,也没有花草树木。男男女女都彬彬有礼,神情安详喜乐,身上飘着一股幽香。

这个国家的中间有一座山。山也不十分高，顶上有一口泉，不停地冒着香气四溢的水，尝一尝，就像美酒一样。泉水分成四道从山上流下来，到山下变成宽阔的溪水，缓缓地朝远方流去。人们就临溪而居。他们每天就在水边上走走玩玩，唱着歌。他们不用耕种，饿了就喝几口溪里的水，马上就容光焕发。不能多喝，喝多了就会一醉半个月。用溪水洗一洗，皮肤会变得又滑又嫩。这水叫神瀵（fèn）。

这里人与人之间没有争执，更没有帝王。男女自由自在地相处，不用婚娶。差不多都能活一百岁。死的时候，很平静，没有什么悲哀。因为离中国太远了，就叫终北国。这大概是禹去过的，最为美好的国度了。不过他没有过多停留，很快就回了中原。据说后来周穆王也来过这里，一住就是三年。齐桓公也来过，都不想回去了。在大臣的劝说下，才恋恋不舍地离开。

大禹回到阳城，把九州重新划分。铸了九只巨鼎，每只鼎上铸着各州的山川名物、珍禽异兽和神鬼妖怪。九鼎放在都城，表明他是九州之主。从此之后，九鼎成了国家权力的象征。“问鼎”，就是要夺权了。九鼎一直传到秦朝。据说有一只落在泗水里，秦始皇派了上千人，捞了半天没捞着。其余八只则下落不明。

巡狩是帝王的职责。只有这样才能了解民情，督查官吏。大禹即位为天子的十年间，几乎一直在路上。当他又走到当年大会诸侯的会稽时，一病而亡。死后葬在大禹陵。《水经注》上说，每年都有成群的鸟儿飞过来为禹陵除草。春天啄去草根，秋天衔去枯草。人们说，连禽兽都感念大禹的功德啊。

大禹一生不停地在路上奔波。他用脚为中国人走出了一条生路，又用脚为中国人走出一个广阔的家园。他一步一步，把原本松散的部落联盟，串成了一个泱泱大国。他的足迹遍及神州大地，他到过的地方，甚至比大地的尽头还要遥远。后来的人们，就用“禹迹”来代表天下，禹迹就是中国。

大国最初的形成，靠的不是征伐，而是造福。

第十一章

启和少康

夏历循环，日复一日

夏朝的往事，已经渺茫

禹的遗嘱没有得到执行。

禹本想把天下禅(shàn)让给皋陶,皋陶死了。他又把天下让给益。

颛顼有个孙女叫女脩。有一天，她吃了一只玄鸟下的蛋，后来生下大业。所谓玄鸟，其实就是燕子。益又名翳（yì），他是大业的儿子。

翳是一种五彩的大鸟，据说是一种非常美丽的凤凰。由此可见益与鸟有密切的关系。他懂鸟语，擅长驯养鸟兽。他在协助大禹治水时，立下许多功劳，帝舜把本族一位姚姓的女子嫁给他，并且赐他姓嬴（yíng）。后来建立秦朝的秦始皇嬴政就是他的后代。

禹死在巡狩路上的会稽，益却没有登上王位。他被启杀死了。

启是禹的儿子。他的妈妈涂山氏变成了石头，在禹的呼唤下，肚子裂开，生出了他。

他认为父亲辛苦打拼得来的天下，应该由他来继承。所谓禅让，已经过时了，应该取消。父亲让他在益的手下办事，他早早就开始积蓄力量。禹一死，他就开始抢夺王位，没想到失败了，被益囚禁起来。启的帮手们偷偷把他救了出来。这一次，启没有给益任何的机会。《竹书纪年》上说："益干启位，启杀之。"这个"干"字，很是意味深长。到底是益夺启位，还是启夺益位？

听到益被启杀死的讯息，东方的有扈氏立即起兵反抗。有扈氏就是当初帮助少昊管理农事的九扈。他们与益都是东方鸟之王国的传人。他们一来要替益报仇，另外也不能听任启废了传统的禅让制。原本的天下，是诸侯轮流，贤者居其位。启这样一来，就变成他一家独大。

两军在"甘"这个地方相遇。

启知道这次大战生死攸关，大战之前做了一个杀气腾腾的动员令，叫《甘誓》，至今还记录在《尚书》上。

启说，有扈氏蔑视天地，上天让我惩罚他们，你们都要努力杀敌。服从命令者，胜利之后，在祖庙重重赏赐。不服从命令的，在神社处死。

这是艰难的一仗。前后打了八年，有扈氏大败。

《淮南子》上说："有扈氏为义而亡。"这个"义"，说的是天下大义。自此之后，天下就非天下人之天下了。

启在都城南面的钧台举行了一场规模宏大的祭祀。名是祭告天地，实际上是向天下诏告他的"家天下"的胜利。这就是有名的"钧台之享"。

祭天的这一天，启认真地打扮起来。《山海经》上说他左手持着羽毛做的华盖，右手握着玉环，身上佩戴着玉璜，站在高台之上。先是向祖先祭祀，然后奏起祭天帝的《九韶》之乐。成百上千的人，手持牛尾，且歌且舞，尽情地向天下诸侯展现着新王朝的欢乐与威权。历史上记载不多的启，开启了一个与以往全然不同的夏朝。战争不再只是为了向外争夺生存权，更增加了权力引起的血腥内斗。

钧台之享数年之后，一场争夺帝位的战斗就在夏朝内部展开。这一次，起兵的是启的儿子武观。

武观因为某件事，惹得启不高兴，被流放到西河。四年之后，武观从西河发兵，学他父亲的办法，要用武力夺取帝位。启派了大将彭伯寿前去征讨。一番血战，打败了武观。也许武观是因为知道了启患了重病才起兵夺位，也许是武观的造反刺激了启。战争结束不久，启就死了。

接替启的帝位的，是他的儿子太康。

父子相传的位子，来得太容易。而且只认血统，不问贤愚。于是历史上开始出现种种昏聩荒唐的帝王。太康算是第一个。

太康最喜欢的是打猎游玩。他刚刚继位，就跑到洛水南面去打猎。猎物太多了，太康乐不知返，过了一百天，还没有回来。

没有人处理政事，国家乱成一团。太康无所谓。或者他从来就不知道怎么治理。

东方有个国家，叫有穷国，与益、有扈氏，都属东夷一族。有穷国的国君叫后羿，是一位神箭手。他的祖上就是曾经射落九个太阳的羿。羿的后人世代都做帝王的射正，又称司羿，后人慢慢改称为后羿。后羿对于益的死和有扈氏的败亡早就耿耿于怀。看到太康游乐不归，觉得是个好时机，就率领兵马，风驰电掣赶到太康的京城斟鄩(zhēn xún)。京城无主，后羿毫不费力就攻克了。

太康过足了游玩的瘾，慢慢从南方回到洛水的边上，哪知道往河对面一看，全是后羿的兵马。他是再也回不到京城了。

太康的五个弟弟（也有人说是他的五个儿子）陪着母亲在洛水的拐弯处等着太康打猎归来。左等右等，等来的却是国家沦陷，故乡难回。弟兄五个，想起太康的胡作非为，个个心中怨恨，在洛水之边，长歌当哭。

悲伤的唱词，收录在《尚书》之中。对于这段往事，屈原也是感慨万千，他在《离骚》里说，启沉迷《九辩》与《九歌》的音乐，太康自我放纵，只知道玩乐，丝毫也不考虑他们的子孙后代。现在国亡了，连住所都没有了。

在太康族人的悲歌声中，后羿登上京城的大殿，掌管国事。然而毕竟大禹和启的威望还在，天下诸侯对这个不速之客不肯接纳。多方角力了几年，众人仍然推举太康的弟弟仲康即位。后羿万般无奈，只好答应，只是与仲康签订了苛刻的条约。不只是有穷国从此不纳税赋，夏朝还要年年进贡，国家大事也要多听听他——后羿的意见。

仲康把都城从斟鄩迁到帝丘，时刻惦记着要打败后羿这个心头之患。打仗需要强大的部队。他任命胤侯为大司马，掌管六师，操练兵马。

仲康五年的九月初一，原本阳光普照的大白天，突然暗了下来。太阳一点点地从天空消失了，最终完全失去了踪影，大地变得漆黑一团。乐官们敲起大鼓，管钱的官员慌忙去仓库里取出钱币，差役们也奔跑着安排祭天的仪式，老百姓四处奔走，狂呼乱喊。他们害怕从此失去太阳，大地永远陷入黑暗，一心想把太阳拯救出来。乱了好长一段时间，太阳终于慢慢钻了出来。人们又是一阵狂喜。这个情形被记录在《尚书》之中，也是人类历史上第一次对日蚀的记录。

对于这样一个重大事件，掌管天文的羲和竟然没有任何预测。日蚀之时，还在自己的属国饮酒作乐。仲康勃然大怒，派胤侯领兵前去征讨。

仲康的愤怒其实另有原因。后羿掌权之后，羲和顺风倒，立即成了他的党羽。要攻后羿，必定先灭羲和。

胤侯集合军队，历数了羲和所犯之罪，然后誓师进军。小小的羲和当然不堪一击。然而这小小的胜利，竟鼓动了仲康的信心。他不再服从后羿的“指示”，并且让有穷国缴纳赋税。

后羿勃然大怒，再一次兵临城下，双方一场血战。说是血战，其实是屠杀。后羿的东夷部队，几乎人人都是神箭手。仲康的部队还没冲到面前，就纷纷死在了箭下。这一仗，仲康一败涂地，带着残兵败将，一路逃到了西河。时隔不久，就客死在安邑。

仲康一死，后羿先是立仲康之子相为王。等到自己完全掌控住局势，就驱逐了相，自己登上王位。

后羿终于真正登基为王，过了一把天子的瘾。然而他也是个荒唐之人。他完全忘了太康的教训，对打猎也一样痴迷，对国家大事很少过问，只是一趟一趟地往森林里跑。武罗、伯姻、熊髡（kūn）、龙圉（páng yǔ），都是跟他共患难同生死的良臣，因为一再劝说他，让他听得心烦，被一个个赶走，弃之不用。成了孤家寡人的后羿，重用了一个叫寒浞（zhuó）的小人。这个寒浞口蜜腹剑，整天好言好语，把后羿哄得快活。后羿就把大事小事，全部交与他处理。没过几年，朝廷内外都被寒浞收买了，只顾享乐的后羿对此一无所知。

一次打猎归来，寒浞带着帮手，一拥而上，把后羿打死了。然后把后羿的肉煮了，送去给他的儿子吃。后羿的儿子看到父亲这样的惨相，哪里肯吃。寒浞又把他也杀死。《左传》上说后羿的儿子“死于穷门”。穷门就是国门。把他杀死在国门，是为了立威。

寒浞霸占了后羿的妻子，选了个好日子，登上王位。

寒浞杀了后羿之后。一个叫靡的人逃走了，投奔了有鬲（gé）氏。靡原本是夏朝的臣子，后羿掌权后，就继续留用了。他看不惯寒浞的卑鄙与龌龊，担心他会对自己下手，就跑了。历史的奇特之处就在这里。一个在夏朝没有被重视、没被后羿重用，令寒浞毫不在意的人，竟然会在多年之后突然爆发，给了寒浞致命一击，并且重新恢复了夏朝的天下。

寒浞娶了后羿的妻子，生下两个儿子。一个叫浇。一个叫豷（yì）。豷的意思是“猪喘气”，这名字或许是后人硬生生安在他头上的。寒浞把豷封在戈国，把浇封在过国。浇是个力大无穷的猛将，能拖着船在陆地上行走。

仲康的儿子相，当初被后羿驱逐了，逃到了斟灌氏和斟鄩氏那里避难。后羿算是个手软之人，几次都没有对夏朝的继承人下毒手。寒浞却是一个彻底的小人，做事没有顾忌。相在外面，总让他心头不安，担心哪一天他会回来争夺帝位。他这个帝位可是十分不稳当。既不是继承的，也不是在战场上拼杀而来的，更不是禅让的，而是用不光彩的手段，阴险地偷来的。他能做的，就是残酷地屠杀。后羿死了，后羿的儿子死了。这一派是再也没能力反抗了。接下来，相这一边，也要斩草除根。

寒浞派儿子浇去追杀相。浇先灭了斟灌氏，然后与斟鄩氏在潍（wéi）水大战。这是一场血战，最后斟鄩氏的船只全都覆没在河中，残兵败将，四散逃亡。

躲在城里的相再也无路可逃，被浇抓住，一刀杀死。满城都是火光与哭喊，人们四散而逃。相的妻子后缗（mín），正怀着身孕，混在人群中逃命。浇因为杀死了相，心里高兴，也就没有严密搜查。后缗趁乱从一个墙洞里钻出去，凄凄惶惶，逃回到娘家有仍氏之国。

有仍氏是名门大族，先祖是被称为东方天帝的伏羲。这一族，早些年就与后羿结下了仇怨。

有仍氏有一个美女，长着一头乌黑的头发，名叫玄妻。嫁给了大禹的乐正，音乐之王夔。他们生了一个儿子，叫伯封。这个伯封是个不成器的儿子，为人贪得无厌，简直像猪一样。人们就叫他封豕。后羿趁人们怨恨，出兵灭了他的封国，杀了封豕，抢了玄妻做自己的妻子。玄妻心里自然是痛苦的，终于勾搭上寒浞，杀了后羿。并且为寒浞生了两个儿子。这里面纠缠了太深的爱恨情愁，怎么也无法理清了。

有仍氏是个盛产美女的国度。现在又有一位后缗，嫁给了相。相是后羿的对头，却不是他的对手，一直在外面东躲西藏，没想到最后还是死在了寒浞之手。

悲苦的后缗，在有仍氏之国生了一个遗腹子，这就是少康。少康本是一个平凡的青年。有仍氏让他做了一个主管畜牧的牧正。养养牛，放放羊，过着简单的日子。谁知道忽然有一天，竟被浇知道了他的存在。

浇心生懊恼，斩草没有除根，还有一条漏网之鱼。当即派了一个叫椒的人，气势汹汹地来向有仍氏索要少康。

少康闻讯，急忙逃命。一直往南跑，一口气跑到了有虞氏之国。

有虞氏是舜的儿子商均的封地。这时候的国主虞思是商均的后代，有人说就是商均的儿子。商均是被禹驱逐到这里来的。禹担心舜这一族的势力会影响到他的统治。谁知道几十年之后，他的后代少康，竟会前来投奔。虞思不计前嫌，大度地收留了少康，还让他做掌管厨师的庖正。派他做厨师是一种考验。后来的老子有一句话叫“治大国，若烹小鲜”。从做菜上面，是能看出一个人的才干的。经过一段时间的考察，虞思对少康相当满意。于是学尧对待舜的做法，把两个女儿嫁给了他。他的国家是一个小国，给不了少康多大的封地。就让少康住到纶（lún）邑。纶邑不大，只有方圆十里的土地。配给少康的士兵也不多，只有五百多人的一旅。少康就以此来做自己复国的根据地。

田只有一成，人只有一旅，能做什么？少康就大力宣传起大禹的仁德，自己当然就是这仁德的继承人。这一招相当有用。禹在民间，特别是在夏族人之中，是极有号召力的。于是不断有人前来投奔。

这一天，来了一个人，自称名叫靡。这便是寒浞杀后羿时，从朝中逃出的那位夏朝遗臣。

靡逃到了有鬲氏之国。听到少康在纶邑的消息后，就带兵出发，一路汇合了斟灌氏、斟鄩氏残余的民众，来与少康会师。

一时之间，小小纶邑显得兵强马壮。可是如果与寒浞相比，还是相当弱小。如果正面对垒，几乎没有获胜的可能。

经过多年的磨难，少康已经变得成熟而有智慧。他派出了一个名叫女艾的人，到浇那里去打探情况。这个女艾，算是中国历史上第一个间谍。

浇是一个好色之徒。以缝补衣裳的名义，去请他守寡在家的嫂子帮忙。两人勾搭成奸，浇就经常住在她家。女艾把这个机密消息探听明白，赶忙回来报告给少康。

少康带了一批人，装作打猎，牵着狗，躲在浇嫂家附近。等到浇进门了，他们突然冲出来，直扑过去。浇才听到几声犬吠，猎狗就冲了进来，把他拖翻在地。少康随后一刀，砍下他的头颅。

浇被灭了。少康又派自己的儿子杼（zhù）去杀豷。杼是个有勇有谋的人，施了一个诡计，把豷引诱了出来，突然袭击杀掉了他。这样一来，寒浞失去了帮手，一下子变得势单力薄。

靡率领军队，迅速攻进京城，杀了寒浞。

少康于是登上帝位。

从“太康失国”到“少康中兴”，战乱将近百年。少康的儿子杼又经过多年征战，终于平定了天下。杼是大有作为的一位帝王。据说他用兽皮造出了甲，这是对抗东夷之人神箭的宝衣。有了这件甲衣，东夷再也没有了优势，一败再败，此后不再成为夏朝的威胁。

中国历史上第一个王朝，这才算站稳了脚根。之后，“华夏”也慢慢成了中国的代名词。而夏朝定下的历法，到今天中国人还有使用，这就是农历，又叫夏历。漫漫数千年过去，无数个王朝在之后不断地更替，而民间百姓，在夏历的循环中，日复一日，缓缓生活着，似乎感觉不到时光的流淌，似乎夏朝就在昨天，才刚刚过去。而对于夏朝那些过往的帝王呢，人们浑不在意，好像他们从来不曾存在过。

第十二章

伊尹

他用五味调出天下至味

同时调和出天人之道

水不断地从地下喷涌而出，村庄很快就被淹没了，水一直往远方漫出去，直到十里之外的一棵大桑树底下，才停住。

茫茫的水边上，独立着这棵高高的桑树，远远就能看到。桑树枝叶繁茂，一阵风吹动，叶子发出沙沙的声音。一个采桑女，哼着歌走过来，手臂里挎着一只圆圆的竹篮。还没到桑树边上，就听到婴儿的啼哭。细细一听，哭声竟是从桑树里传出的。走近一看，桑树的树干里有一个大洞，原来是一棵空桑。一个刚刚出生的婴儿，正在里面舞着小手，呀呀地哭着。

采桑女抱了孩子回去，交给国君有莘（shēn）氏。国君叫了他的厨师出来，把孩子交给他抚养。可是这孩子到底什么来历呢？有莘氏又派了人去打听。

打听的人回来一报告，人人都很惊讶。

孩子的妈妈住在伊水边上。正怀着身孕，夜里忽然做了一个梦。有位神人跟她说，如果你看到石臼里朝外冒水，你就赶紧往东走，记住，千万别回头。第二天，她果然看到家门口的石臼在冒水，就慌张地呼喊邻居，让他们快跑。水涨得很快，人人不顾一切地逃命。这位怀孕的女子，头也不回，一口气跑出去十里，气都喘不上了。不知道村子怎么样了，她停下回头看了看，眼前白茫茫一片，哪里有家乡，家乡全淹没在水里。她还没来得及悲伤，身子就定住了，一动不能动。神人嘱咐她不要回头，她没有听，变成了一棵桑树。可是，她的肚子里还有一个小宝宝呢。桑树中间就空出一个洞来，小宝宝就在树洞里。

因为母亲居住在伊水之边，孩子就姓伊。给他取了一个名字，叫挚。他就是后来的商朝名相伊尹。

伊尹的养父是厨师，他从小就在国君的厨房里混着。什么样的山珍海味都尝过，并且学了一手的好厨艺。伊尹是个聪慧之人，又喜欢读书。因为烹饪的手艺好到极致，已经到了道的层面。他又从这烹调里面，悟出了治国之道。趁给国君做菜送饭的机会，试着跟他一谈，国君十分吃惊，就请他做自己女儿的家庭教师。一个烧饭做菜的奴隶，竟然成了"有莘氏女师仆"，这件奇事一下子传遍四方。

商国的国君汤，是一位求贤若渴之人，听到这件事，就派人来请伊尹。有莘氏怎么会轻易放走这么一个人才。不理。汤就更重视了，又派人带了玉、帛、马还有贵重的毛皮，再次过来隆重相请。有莘氏一看，不行，汤这么大老远来请自己的一个奴隶，不是一件简单的事，不能放。于是更不放伊尹走了。汤是一个有决心的人，再细细打听，更确定伊尹是一个人才。再来。一连四五次，都被有莘氏拒绝了。汤想来想去，决定自己亲自出面。

御者是"彭氏之子"，给汤驾上车，扬起鞭子，很帅气地一挥，马哒哒地就出发了。出了城，他问汤："请问国君，我们要往哪里去？"汤说："去有莘氏那里，我去见伊挚。""伊挚？这个人我也听说过。"彭氏之子说，"不就是个卑贱的奴隶吗？君王您要是见他，差人去喊一声不就得了。他还不飞快过来。哪还用您亲自跑。"

汤看了看神采飞扬的彭氏之子说："停车吧。"

彭氏之子把车停下来。汤说："如果有一种良药，吃下去就会耳聪目明，你说我要不要去吃？这位伊挚，对于我的国家，就像良医善药。你不知道重视人才，又不想让我去见他，你这是不要我们这个国家好啊。

你走吧，我用不着你给我驾车了。”

汤重换了一个御者，带着礼物，亲自来到有莘氏之国。

可是无论汤如何表现自己的诚意，有莘氏就是不肯松口。汤细细一想，忽然有了一个办法。他又来拜见有莘氏，恭恭敬敬地提出，想娶他的女儿为妻。

有莘氏一听，先是一惊，继而大喜。

这位汤，他的祖先是契。契的父亲是帝喾。帝喾的妃子简狄，吞了玄鸟的蛋，怀孕生了契。契后来做了帝舜的司徒，掌管全国的民政与教化。汤是他第十四代的子孙，管理的地方不大，只有方圆七十里。虽说是一个小国，他的名气却大。一是因为名门之后，四方诸侯都很尊重；另外是因为他修仁德，重人才，是一个有志向的人。诸侯们说起他，个个赞不绝口，甚至说他的仁德都布施到鸟兽身上了，之后必定前途无量。

仁德如何跟鸟兽有了联系？是因为这样一件事。有一次，汤到野外去，看到有人布下四面的大网，还祷告着：“四面八方的鸟兽，全跑到我的网里来吧。”

“唉，你这是要一网打尽啊。”汤就让猎人撤掉三面网，只留一面，也祷告说：“往左的，赶紧向左边跑。往右的，就向右跑。不听的，那就撞在网里吧。”

有莘氏想，把女儿嫁给这个人，必然是好的。这不同于给他一名奴隶。送一个奴隶，只是一份礼物，送了就送了。可是如果两家结了亲，就成了联盟，算是一家人。今后两国就可以互相提携，休戚与共了。

有莘氏立即安排婚事，十分隆重地把女儿嫁往商国。

那位伊尹呢？本来就是女儿的教师，就作她的陪嫁好了。于是，伊尹就背着锅鼎，随着新娘来到了商国。

汤得到伊尹，可谓欣喜若狂。当天就在宗庙里举行盛大的祭祀仪式。人们用芦苇燃起火炬，用纯色的雄猪的血涂抹祭器，祓（fú）除不祥，祭天地祖先。

第二天一大早，汤就在朝堂上接见伊尹。伊尹呢，不慌不忙。据说他先给商汤做了一碗天鹅羹。汤一吃，连声说好。伊尹就说，这不算什么，还有更好的滋味呢。

司马迁说伊尹“以滋味说汤”。伊尹怎么说的呢？他的一番话，详详细细地记在《吕氏春秋》当中。

伊尹说，美味的动物有水里的鱼鳖类、天上的鹰雕类和地上的鹿獐类。水里动物的肉腥，食肉猛禽的肉臊，吃草动物的肉膻。没关系，味道不好的，都可以变好。调合味道的根本，在于用水。以五味调和，再用水、木、火这三材来细细加工。多次煮沸，不断变化，其中火候是关键。火时大时小，时强时弱，就能除掉腥味、臊味和膻味。火候要适中，不能过度。

调和味道，在于运用酸甜苦辣咸。先放后放，放多放少，都很有讲究。锅鼎里味道的变化，是精妙细微的，只能意会不能言传。就像四季的变化，自然而然。这样做出的来的食物就会熟而不烂，甜而不厚，酸而不过，咸而不减，辣而不烈，淡而不薄，肥而不腻。

伊尹从做菜又谈到治国之道，旁征博引，深入浅出，一番话，说得汤连连点头。后来老子对此有个总结，说是“治大国若烹小鲜”。汤当即封伊尹为相。自此，伊挚就叫伊尹，又名阿衡。都是国君左右手的意思。

夏朝此时在位的王，名叫桀。他将是夏朝最后一个君主。桀在都城里造了一个巨大的酒池，可以在里面划船。据说有三千人在池边嬉戏游玩，听到鼓响就趴下来喝酒。许多人就这样醉死在酒池旁边。桀一手把皇后妺喜抱坐在腿上，一手举着酒杯，看着醉了的人东倒西歪的怪样，哈哈大笑。妺喜也笑。这位妺喜本是有施氏的绝色美女。桀派兵去攻打有施氏，有施氏兵败国亡，只好把她当礼物献给夏桀。桀对她宠爱无限，拆了陈旧的宫殿，盖成新的，供他和妺喜居住。妺喜除了一般的享受之外，还有一个很怪的癖好，喜欢听撕绢的声音。桀就让人抱来蚕丝绢，一匹匹地撕给她听。

桀整天守着妺喜，一连多少天也不上朝理事。大臣们一次次进谏，桀也待得闷了。好吧，你们让我见人，我就好好见一次。他下令安排一个大聚会，让天下的诸侯都来，好好乐一乐。也让妺喜看看，他这个天子，有着怎样的威风和派头。

大会的地点选在有仍氏之国。选这里是有意之举。因为他的祖先，那位复国的少康，就出生在这里。让天下的诸侯到这里来朝见，既是展现祖先的荣光，向祖先致敬，又是向诸侯提醒自己高贵的血统。

谁也没想到，这样一个盛会，竟会被有缗国的国君扫了兴。有缗国本是少昊的后代，国君也千里迢迢赶来参会了，可是在会上看不惯桀的荒唐模样，竟然中途就拂袖而去了。桀在天下诸侯面前丢了个大面子，不禁暴跳如雷。散了会，回到都城，就派了大臣扁出兵前去讨伐。

有缗国在诸侯里算是一个有实力的国家。正因为这样，才敢表现出对夏桀的藐视。几场血战下来，有缗国虽然让夏军受到了重创，可还是失败了。国君就学有施氏的做法，在有缗国里选了两个绝色的美女，献给夏桀。夏桀一见，果然欢喜。这两个美女，一个叫琬，一个叫琰，都是倾国倾城之貌，比妹喜还美。桀不知道怎么疼爱才好，立即下令，在都城的北边修新宫。百姓才经历过那场惨烈的战争，还没有喘过气来，又要担负这样沉重的劳役，一个个心生怨意。可是谁又能反抗呢？丹宫、璇（xuán）室、瑶台、玉门……一座座高大华美的建筑陆续完工。桀喜气洋洋地带着琬、琰二美人乔迁新居。原先那位美丽的王后妹喜呢？桀没有心思去理她，把她抛在洛水之边，由她去。他的心已经完全被这两个新美人占据了，一分钟也不能离。可是也不能真是片刻不离，他就用两块美玉刻了她们的名字，带在自己的身上。玉的名字为苕（tiáo）华之玉。苕是琬，华是琰。一时见不到人，看一看玉也是好的。其实呢，他可是一百多天陪着美人，不出宫露一面。偶尔露一面，又立即躲到宫里去享乐。

妹喜几乎见不到桀。原先万千宠爱在一身，如今空房独处，凄凄惨惨戚戚。寂寞之中，家国情仇，一样样涌上心头。妹喜咬咬牙，发誓要报复这个没心没肺的家伙。

伊尹把有仍之会明明白白看在眼中。他是个极其敏锐的人，隐约感觉到，这恐怕就是夏桀的人生转折点。为了把天下的形势弄得更明白，他就向汤提出要到夏都斟鄩去了解情况。只有知己知彼，才能未雨绸缪。

伊尹带了贵重的礼品来到夏都。找了一个地方，住下来，慢慢开始他的工作。过后不久，伊尹结识了妹喜。自此之后，伊尹对夏朝的大事小事，了如指掌。

伊尹在夏一住三年，为商汤结交了众多的同盟。这时候，由于夏桀一再倒行逆施，人们对他的愤恨也到了极点。民间竟然传诵着这样的歌谣："是日何时丧？予与女皆亡。"桀自称为太阳。百姓苦不堪言，天天希望他灭亡，甚至愿意与他同归于尽。

伊尹打算回商国，走之前来见妹喜，同她说起童谣。妹喜说，桀做了一个梦，梦见天上两日并出，相互搏击，一日胜，一日不胜。伊尹点点头，这个太阳怕是不长久了。商国对此要早作准备。

伊尹回到商国之后，就策划对邻近的葛国下手。

葛国是益的后代。益被禹杀死之后，禹没有赶尽杀绝，而是把他的儿子大廉封在葛国为葛伯。葛伯世代都是夏朝的亲信，因为国家与商汤为邻，也起着为夏监视的作用。葛国早已是商汤的眼中之钉。

葛国的国君不祭祀鬼神。而商汤是最敬鬼神的，几乎做任何事，都要先占卜一下，问问鬼神的意见。这在信仰上是大冲突。《孟子》上记载说，商汤派人去问葛伯："你们为什么不祀鬼神？"葛伯对于汤的无礼很不高兴，回答说："祭祀要牛羊啊，我没有。"汤竟然派人送来牛羊。葛伯不愿意拿它祭祀，就分给众人吃了。汤又派人来问："牛羊也送你们了，怎么还是不祭祀？"葛伯回答说："祭祀要粮食，我们百姓都没粮，拿什么祭祀？"汤就派了许多青壮年来葛国耕地，让老弱幼童给耕地的人送饭，种出粮来给葛国祭祀。对于葛伯来说，这真是天大的怪事。可是商汤说得满口仁义，又不能翻脸。有人说，把他们送饭的人赶回去，这些耕地的人没饭吃，就回去了。葛伯就派人来驱逐送饭的人。争夺之中，杀死了一个送饭的孩子。

商汤有了这个借口，立即挥军而至。不用说，那些种地的青壮年揭竿而起，成为内应。葛伯被杀死，葛国被商汤吞并。

吞并了第一个，就有第二个。商汤随后又灭了有洛和荆。商汤的实力大增，野心一下子膨胀起来，想立即去攻打夏桀。

伊尹说，不要急。到底夏还有多少实力，要试一试。这样吧，我们先停止向夏进贡，看看他们怎么反应。

商汤不进贡，夏桀果然大怒，立即诏令九夷之师发兵征讨。伊尹一看，情况不好。九夷之师是有名的骁勇善战，恐怕不是对手。夏桀能调动九夷之师，说明他还没有众叛亲离。于是赶紧让商汤谢罪。

夏桀余怒未消，要商汤亲自来夏都请罪。商汤无奈，只得战战兢兢来到夏都斟鄩。一到，就被夏桀关在了夏台。

据说夏台是中国第一所监狱，以前从来没有这样可怕的地方，不仅专门用来囚禁人，还是个水牢。汤是一国之主，哪里吃过这样的苦？

弄不好就会死在里面。伊尹和商汤的一众大臣们慌乱起来，紧急想办法。夏桀喜欢什么？无非是美女和宝物。商国发动起来，四处筹集。准备礼物花去了不少时间，到夏都去上上下下行贿，最后再送到夏桀手中，又花了不少时间。直到第二年，商汤才被救了回来。

商汤刚回到亳，许多诸侯国就派人过来问候。甚至有国君亲自跑过来与他商谈。夏桀喜怒无常，大家担心说不定哪天，自己也会如商汤一样被抓，或者直接被杀，不如早早起来反抗。商汤坐了一年的牢，也是满怀仇恨，于是决定与夏桀决战。

伊尹说，那我们再试一下，看看现在夏桀还有多少力量。于是商汤再次停止向夏进贡。

商汤的出尔反尔，让夏桀怒不可遏，立即又令九夷出兵。没想到，这一次，或许是对夏桀的反复心生怨气，或许是伊尹已经做足了工作。九夷竟然抗命不从。

商汤一看夏桀果真成了孤家寡人，立即挥军进发。

商汤先是灭了温，随后灭了韦和顾。这些都是忠于夏桀的诸侯。原本战争很顺利，没想到忽然杀出了一个昆吾国。

昆吾国的人善于制陶、琢玉和冶金，夏启曾在昆吾铸鼎。因为他们能锻造出最精良的铜兵器，后来人们把上等的刀剑称为“昆吾”。据说他们还是最先用陶瓦代替茅草盖房的人。昆吾国是夏朝一个实力强大的霸主，同时也是商汤最难对付的对手。

商汤与昆吾的战争很残酷，先后持续了一年，昆吾失败了。昆吾一败，前往夏都的路上，再无强敌。商军厉兵秣马，准备进攻夏邑。

夏桀还在饮酒作乐。对于大臣们的劝谏，他不以为然：“天上的太阳会掉落吗？不用担心。”大臣关龙逢是舜时豢龙氏的后裔，对夏朝忠心耿耿。眼看夏朝危在旦夕，他找到夏桀，苦苦相劝。桀不耐烦，让他出去。

关龙逢说，你挥霍享乐，杀人无度，上天将会降下灾祸。你若是不改变，我就不走。

夏桀恼羞成怒，下令把关龙逢处死。

太史令终古抱着国家的典册，来见夏桀，哭着跟他说，已经危在旦夕了。夏桀理也不理。终古长叹一声，知道事不可为，于是逃到商国。正在备战的商汤大喜，连忙将此事传告给诸侯：“夏王无道，暴虐百姓，轻其贤良，弃义听谗。众人都在怨恨他，连他掌管法典的大臣都投奔我们商了。”

然后商汤召集军队，发布训令说：“夏桀犯了诸多罪恶，上天让我去诛灭他……不听从我命令者，死。”这一段话，名为《汤誓》，记在《尚书》中。

商汤与伊尹率领着七十辆战车和五千兵卒，与夏桀的军队在鸣条相遇。这一天，大雨滂沱，雷电交加。商军士气旺盛，在雷雨之中，奋勇冲杀。夏军毫无斗志，一败涂地。夏桀带着五百多残兵败将，仓皇逃跑。妹喜做了汤的内应，却没有得到汤的奖励。夏桀到此时还不知道妹喜的叛变，长叹一声：真后悔当时没有把汤在夏台杀掉！他带上哭哭啼啼的妹喜，乘上船，往南逃去，一直跑到遥远的南巢。据说就是今天的巢湖。

两个人，都死在巢湖之畔。

汤和伊尹在夏朝的王都祭告天地，然后率军回到自己的都城亳。四方诸侯、方伯以及大大小小的氏族、部落的首领们，携带着贡品纷纷前来祝贺，表示臣服。《逸周书》上说，数月之间，有三千诸侯大会于亳。

汤祭告天地，登上天子之位。夏朝灭亡，商朝成立。商汤让伊尹作《大濩（hù）乐》，表明他是替天行道，救护万民，才进行了这次“商汤革命”。《大濩》是武舞，音乐铿锵。随着音乐的，还有美妙的万舞。这个盛况，记录在《诗经·那》中，时隔数千年，依然能感受到当时的雄壮。

汤死之后，伊尹又辅佐了外丙、仲壬和太甲，到沃丁八年时才去世，活了一百多岁。伊尹去世时，商都亳，一连起了三天的大雾。

伊尹本是个奴隶，唯一能做的，就是给人烧菜做饭。他钻研五味调和，以五味调出天下之至味，又以五味调出治愈百病的汤液。据说医学经典《汤液经法》就是由他所著。然后，他又以五味调和出了天人之道与治国之道。自伊尹之后，烹饪就不再只是厨师谋生的手段，而成了艺术，成了哲学，甚至成了超于一切的道。烹饪如此，万事万物也是如此。人无尊卑，物无大小，各自都有其道。只要做到极致了，到了道的层面，就能领悟天地人之间那种微妙的关系。有了这样的领悟，视天下万物，就如庄子所说的庖丁一样，能够“目无全牛”“游刃有余”了。

商汤在伊尹的辅佐之下，以武力灭了夏朝，把夏的九鼎迁到商邑，这就打破了帝王永定的说法。自此之后，中国王朝的更替，就凭武力一轮一轮地去抢夺了。如何夺来的,又如何失去。人们懂得这个“道”，却又自以为自己是个例外，能打破它。于是，悲剧就一代代重演。

第十三章 傅说

他成为银河边上的一颗星星

在夜空中不停地闪烁

一阵凉风吹过，虫鸣像潮水一般涌过来。萤火虫三三两两，从眼前向远处飞去，越飞越远，一下子，就融入满天的繁星之中。星星明亮得似乎不真实，离人如此之近，低低地布满了头顶的天空。摇着芭蕉扇纳凉的人们,仿佛置身于它们之间。每一颗星星,都似乎触手可及,让人感觉自己不是站立在地球上，而是飘浮在浩瀚无边的银河当中。

在天空的正南方，苍龙七宿横亘在银河的西岸，昂着首，仿佛要飞腾而下。它的尾巴扬起来，几乎要在银河里溅出水花了。在这尾宿的旁边，有一颗星不停地闪烁着，透着一种智慧的光芒。这颗星，叫傅说（yuè）星。

傅说是一个奴隶。

在虞与虢两国的交界处，有个地方叫傅岩，由于地势险要，又叫傅险。傅岩扼守着一条交通要道，旁边有一条宽阔的大涧。涧水湍急，时常冲坏旁边的道路。官府征集了一大群囚犯，来这里筑路。囚犯们都穿着破旧不堪的赤红色囚衣，被一根长长的绳索系着。他们在水边竖起了两块木板，在中间填满混合着草秸的泥土，然后拿木杵，使劲地夯着。等泥土夯打结实了，木板撤掉，就成了一堵墙。这叫版筑。

瘦小的傅说就混在这群人当中。傅说不是囚徒，他的家就在附近，所谓家，就是一个小小的山洞。他没有犯罪，是自愿来服这个苦役的，只为了能在这里混一口饭吃。

他太饿了，从一出生就在挨饿。他是一个遗腹子，还没出生，爸爸就死了。妈妈在生他的时候，因为难产也去世了。他成了一个孤儿，一个从来没有见过父母的孤儿。如果不是好心的村民们轮流喂养他，他早就死了。他能活下来，已经是一个奇迹。

傅岩的路总是在坏，修一次，被水冲坏一次。终于，还是傅说想到了这个版筑的方法。用这个方法垒起来的土墙，结实，抵得住涧水的冲击。这是一个大发明，很快就流传了出去。因为用这个办法，也可以为房屋垒墙。

原先盖房屋，只是在地上挖一个四方的坑，堆上木柴，放一把火，把里面烧一烧。地面和四壁烧得坚硬平实了，再在上面垒个矮矮的不怎么结实的墙，墙上面支一个屋顶，就是家了。一到下雨天，水总能钻个缝隙渗进来，水越积越多，家就成了水坑。现在好了，傅说发明了这个技术，房屋就可以盖在平地上了。即便还是挖一个坑，上面的矮墙也能夯得结实，无缝无隙了。这样的家，才算个真正的家。

傅说的名声远远传开去。可是好名声没有用，他是一个奴隶，命运早已注定，只能在这里日复一日，挖土打夯。可是傅说不甘心，他有他的梦想。

此时的商王是武丁。

武丁即王位已经三年了，国事全交给冢宰，也就是宰相去处理。他一句也不过问，只是四处游荡，“以观国风”。朝廷里议论纷纷：君王这是怎么啦？再这样下去，这个传了二十多代的“大邑商”怕是很危险呢。

商朝从汤传到武丁的伯父盘庚的时候，已经传了十九代，国势日渐衰弱。

商朝采用兄终弟及的办法传承王位。好处是，即位的不会是年幼无知的孩童。坏处呢？弟弟死了，位子又该传给谁的儿子？于是就发生了种种纷争。到了仲丁之时,更演变成谁的势力强大,谁就抢去王位。甚至侄儿也可能继位为王了。王国一片混乱。这一乱就是九代,历史上叫“九世之乱”。到了盘庚为王时,天下诸侯都不来朝见了。盘庚下决心要重振商朝的权威。他采取的最重要的举措就是迁都。

都城不断地遭受天灾,特别是水灾,几乎年年发洪水。贵族们不只是占有着大量的田地和民众,甚至都自己祭祀天地了。这个祭祀权很重要,表明他有与天帝沟通的权力,能够代天行事。商王的权威不断地受到挑战。不迁都,就是坐以待毙。盘庚迁都,引起贵族们的极力反对,他们甚至煽动叛乱。盘庚意志坚决,顶住巨大的压力,把都城从奄迁到了亳,又从亳迁到了殷,国家这才稳定。

盘庚励精图治,商朝重又兴盛起来。

盘庚一死,位子传给弟弟小辛。小辛死后,位子又传给弟弟小乙。这两位君王,能力平平,商朝又变得衰弱无力。不过小乙做了一件正确的事。他把儿子武丁放到了民间,让他和平民们一起劳作。他认为一个继承王位的人,必须了解民间疾苦。于是,一连许多年,武丁漂在外面,四处流浪。

武丁就是在流浪途中听说傅说的。据后人猜想,他甚至曾与傅说见过面。因为多年之后,他还能清楚记得傅说的样子。

小乙去世,武丁继位。

成为商王的武丁,三年不理朝政。开始时,大臣们认为他是守孝。可是三年孝满,他对国事还是不闻不问。大臣们跟他说:“你不说话,我们就无所适从。天下没法治理啊。”

武丁还是一言不发，只写了一封书信：“我不说话，是因为我的德行不够。我一直在恭敬地思考治理天下的方法。天帝在梦里赐给了我一位良臣，他将代替我说话。”

武丁详细地把梦里那个贤臣的样子画了下来，让官吏们到全国去寻访。

他画的这个人，就是傅说。

此时的傅说，依然身系绳索，在傅岩的涧边，嗨哟嗨哟地夯打着土墙。

突然有人拿着一张画像，走到他的面前。

绳索解开了。傅说随着官差渐渐远去。版筑的工地上，人们站立着，一直望着他消失在山道的尽头。打夯的声音，很久都没有响起。

武丁见到了傅说，终于开口说话。武丁的激动，完全不亚于傅说。他说出来的话几乎都语无伦次了：“如果要磨砺铜铁，你就是磨石。如果要横渡大河，你就是船和桨。大地干旱之时，你就是甘霖。把你的心打开，来浇灌我的心田吧。如果吃了药，不感到头昏眼花，病就不能治好。如果赤着脚走路不看地面，那么脚就会受伤。你要匡正我的错误，帮我安定天下，使百姓愉悦。”

武丁下令，让傅说立即接替冢宰的职务，成为百官之首。

直到这时候，傅说还没有名字。因为他在傅岩做版筑，就姓傅。他是天帝指引来使得百姓愉悦的，于是名为说。“说”，就是“悦”。

傅说上任了，他立即对武丁进谏：“君王不能轻率发布命令，不能轻易动武，不能随意授人官职。官职不要授给自己亲近的人，要考察他的能力。祭祀鬼神也不能太频繁，那样侍奉他们就会很困难。”

傅说的这番话，说的都是武丁之时朝政的症结。

武丁用天帝托梦的方式，绕开了僵化的体制，把一个奴隶，直接升为宰相。然后，他再让他向这个体制开刀。大胆的革新，拉开了“武丁中兴”的帷幕。

此时的商王朝，四面都是强敌，而且都在步步紧逼。

北有土方、鬼方。东有夷方。南有巴方。西有羌方。“方”，就是国。这些国家，历史上一直与商朝攻战不休。武丁内有贤相傅说相助，没几年，就国力大增，于是腾出手来对外征战了。

土方离商的都城有一千多里。多年来他们不断攻击商朝，在出土的商代甲骨文里，记录与他们的大小战斗有一百五十多次。这一次，武丁打算彻底解决这个对手。

武丁任命的统帅是一个女子。这个人，历史上一直没有记载，在几千年之后，才终于为人所知。

一九七六年，安阳进行了一次考古挖掘。人们在一个大墓中，发现了精美的骨刻刀、铜镜、骨笄（jī）、玛瑙珠等许多女性专用的饰品，以及大石蝉、小石壶、石垒、石罐等供玩赏的弄器，还有许多兵器。其中最让人惊奇的是两件青铜钺（yuè）。其中一件重达九公斤的大钺，上面饰有双虎扑噬人头的图像，同时还铸着“妇好”二字。

这个墓的主人便是武丁的王后——妇好。

有人说，这两柄沉重的大斧，是妇好冲锋陷阵的兵器，她是一位力大无穷的猛将。又有人说，这其实是象征她统帅权威的仪仗。不管怎么说，中国最早的一位女将军，由此进入了人们的视野。从殷墟出土的甲骨，有数百片上都刻着她的名字，写着她的生平与赫赫战功。

妇好领兵直奔土方。

自从妇好出击之后，甲骨文上关于土方的卜辞就消失了。她只一仗，就打败了这个跟商缠斗了几百年的对手。之后，武丁在土方建了一个大型城邑唐。唐城从此把土方牢牢地控制着，土方也就慢慢融进了商王朝的版图。

攻打鬼方就艰难多了。一连打了三年。

鬼方与中原王朝有着千丝万缕的关系。

商汤打败了夏桀。夏桀带着一部分族人逃到了巢湖，过了三年，郁闷而死。他的儿子叫淳维，又叫獯鬻（xūn yù），领着一部分夏族遗民往北迁徙，一直走到了商国的势力范围之外。经过多年的休养生息，他们势力渐渐强大，终于又成了商朝最为强劲的对手。商朝称之为鬼方。

这一次，商朝最强大的君主，发动了有史以来对鬼方最强大的攻势。

鬼方一退再退，慢慢消失得无影无踪。武丁追无可追，得胜而回。据后来考古学家们的考证，当年的鬼方，一直退到了贝加尔湖畔。

夏桀的后代们，只是暂居在这寒冷无人的荒漠里。他们念念不忘的是中原故土。在后来漫长的岁月里，他们一次次从北方向南进攻，成为南方王朝最大的威胁。

商朝称他们为鬼方，西周称他们为猃狁（xiǎn yǔn），春秋时，人们称他们为山戎，战国时，他们的名字叫胡。之后，人们又称他们为匈奴。

《史记·匈奴列传》上说：“匈奴，其先祖，夏后氏之苗裔也，曰淳维。”

匈奴人，一部分移居到了中原，还有一部分却是离家越来越远。经过汉朝的沉重打击，他们一路往西，从伊犁河跑到锡尔河，从顿河走到多瑙河，之后，又来到塞纳河。最后一次见诸历史，是匈奴王阿提拉横扫欧洲。他大战高卢，直抵意大利，与西罗马皇帝签下城下之盟。西方的历史书上，称阿提拉为“上帝之鞭”。随着阿提拉的突然去世，匈奴帝国土崩瓦解。他们就此消散在苍茫的时光之中，再无音讯。

再说武丁。他的目光又紧紧盯住了东方。

奄地，不久之前还是商的都城，现在被夷方占据了。这是不能忍受的。武丁挥师向东。此时的东夷，实力还不怎么强大，在武丁的打击之下，很快就溃败了。然而，他们没有远去，而是逃在一边悄悄地积蓄着力量。在武丁去世之后，东夷就又开始了对商朝的进攻。商朝与东夷的战争，一直持续到王朝的灭亡。

与南方的巴方作战，是一个经典战例。武丁亲自率军向巴方军队发起冲锋。受到突然打击的巴方，仓皇撤退。而在他们撤退的路上，埋伏着一支大军。这支军队的主帅，就是妇好。

两军合击，巴方全军覆没。

西击羌方，是当时最大的一场战争。甲骨文中的记载是这样的："辛巳卜，登妇好三千，登旅万，呼伐羌。"妇好率领自己的三千兵马，还有武丁交给她的一万商军主力，倾全力，去攻打羌方。

为什么妇好会有自己的部队呢？

由于妇好立下赫赫战功，武丁给她划分了封地。妇好的三千部队，就来自于她的封地，是她的嫡系部队。这在当时，算是一支相当庞大的部队了。妇好主持封地内的一切事务。她有着自己的田地和民众，甚至有能力为自己铸造巨大的青铜制品。在她的墓中，就挖掘出了一座重达七十一公斤的青铜酒器——"妇好偶方彝"。

此时的中国，妇女的地位依然可以很高。譬如妇好，她可以有自己的封地，可以担任占卜的卜官，可以独自领兵出征。而甲骨文上有记载的商朝最大的一次对外征战，统帅就是妇好。

妇好征伐的是羌方。

说到羌人，就要说到后来替代商朝的周。周与羌是世代通婚的亲戚之国。周人的祖先是谷神后稷。后稷的母亲叫姜嫄。姜嫄就是羌人。在羌国，男人称羌，女子称姜。

此时的周还是一个小国。他们为了生存，面对北方凶猛部落的攻击，是不断地躲避。对南面的商王朝呢，是讨好。他们经常向商王进贡占卜用的甲骨，有时还进贡巫师和美女，商朝给他们提供一定的保护。

与弱小的周国不一样，羌方极为凶悍。他们实力强大，不断向商朝发动挑战，终于使得武丁派出重兵。

对于这次规模巨大的战争，史籍没有详细的记载。结果是妇好所到之处，羌方溃不成军，不久就被迫投降。商朝的西方，这才安定下来。

妇好班师回国。周人开始慢慢向西迁移，声称要做商朝西方的屏障。他们将在这里，积蓄起可怕的力量。

多年的征战，也让妇好受了创伤。甲骨文对于她的死，只有断断续续几个字的记载，似乎是大出血。妇好死的时候才三十三岁。

妇好的死，让武丁痛不欲生。他把妻子埋在都城，以极其丰富的物品进行陪葬。对于妻子在阴间的生活，武丁也是牵肠挂肚。他总是放心不下，不断地占卜问询。

商人重鬼神。从天气、收成到病痛、生育，再到打猎、作战、祭祀等等，都要卜问。占卜用的工具是龟甲与兽骨。卜官先要把甲骨洗净、削平。等它们完全干燥了，再用青铜在上面钻出一定数目的小圆孔。不经过这样的处理，就烧炙不出带有神秘信息的裂缝。

占卜的卜官有很高的地位。占卜之时，卜官用火柱烧炙甲骨上的小圆孔，甲骨上就会呈现出种种奇怪的裂纹。而这裂纹的纹理与走向，包含着人们向鬼神咨询的信息。卜官解读好了，就把结果刻在这块甲骨上。甲骨都被好好保存了起来，成千上万片，安静地在地下沉睡着。

一八九九年，沉睡了数千年的甲骨文终于被人们发现。人们经过一百多年的整理，从甲骨上发现了四千五百多个单字，不过，至今能够释读的，只有两千多个。

甲骨文上的历史与古籍上的记载相互补充印证，终于让我们看到了商王朝的轮廓与脉络。

人们从甲骨文里发现了不为人知的妇好，却一直没有发现傅说。傅说本来就是一个没有名字的奴隶，这个名字也许是后人给他的一个代号。在当时，或许他还有另一个称谓。或者，他只是流传在历史当中的一个传说，一个神话。

傅说死了，灵魂飞上了天空，成了一颗星。他高悬在天空，发着永恒的光芒，俯看着人间大地。

庄子在《大宗师》里说，傅说得到了道，他“乘东维，骑箕尾，而比于列星”。他闪耀在深沉的夜空中，不断地给人间以某种智慧的提示。古代许多的占星书上都提到他。汉代的占星家郗萌说：“傅说星光明，王命兴，辅佐出。”他会用强烈的光芒提醒地上的君王，即将有良臣出现，他将会像我一样辅佐你，使你的基业兴盛。

傅说成了一个象征，一个预示着国家是否强盛的象征。而国家是否强盛，关键在于人才。如何发现人才，选拔人才，任用人才，才是治理国家的关键。傅说从来都有，只是武丁不常有。傅说不出，不是傅说的悲剧，而是国家的悲剧。

人们痛感这样的悲剧，于是更觉得傅说不易。后代的人们，把他称为圣人。圣人不出，国家不兴。

傅说当年从事版筑的那个山涧，后来就叫圣人涧。在这涧水的西北边，有一处断崖。断崖上露出一层黄褐的麦秸。一年四季，无论风吹雨打，还是雪寒霜冻，这麦秸永远不腐烂，不变色。附近村上的人们故老相传，说这麦秸是几千年之前傅说在此版筑时所遗留的。人们愿意把他变成神话，因为那会成为无数人的希望。

孟子说："舜发于畎（quǎn）亩之中，傅说举于版筑之间，胶鬲举于鱼盐之中，管夷吾举于士，孙叔敖举于海，百里奚举于市。故天将降大任于斯人也，必先苦其心志，劳其筋骨，饿其体肤，空乏其身，行拂乱其所为……"这一个个名字，这一小段话语，像一剂良药，几乎所有身处逆境的中国人，都会咀嚼、吞咽，从中获得无穷的力量，然后奋发图强。

第十四章

吕尚

一直没有鱼儿上钩

鱼钩是直的

磻（pán）溪从南山蜿蜒流向渭水，将到渭水的时候，溪里涌出一眼泉水。这泉叫兹泉。泉水清澈，四周游鱼如织。泉边上有一块大石，石上坐着一位手持钓竿的老人。老人年岁很大，戴着一顶大大的斗笠，银色的胡须，一直挂到胸口，风一吹，轻轻飘动着。老人的身上穿着青色的粗布衣，洗得已经有些发白。他的眼睛没有望着前面的钓线，而是望着溪水的尽头或者天边，不知道在想什么。手却很稳，紧紧握着钓竿，纹丝不动。

老人姓姜，名尚，字子牙。他的祖上是帝舜时主管礼仪的伯夷，后来分封在吕，后代就以吕为姓。所以姜子牙又名吕尚。伯夷的后代四散而居，有一支迁移到了东方，吕尚出生在东海之滨。年轻的吕尚，一贫如洗，却好天文地理、文韬武略这些大而无当的东西。对于糊口的技能，却一样也不在行。耕田种地，一年下来，收成还不够种下的种子。去打鱼，渔网都破了，也捉不到几条鱼。他本是入赘在妻子家的。妻子看他这样无用，一顿责骂，把他赶出家门。吕尚满心怀着治国平天下的志向，却只能在冰冷的世界上辗转漂泊，一荡就荡到五十岁，来到都城朝歌。吕尚想，这是都城，自己一身本事，总有人赏识。他四处投靠，却处处碰壁。没办法，好在手上还有两把力气，就做了屠夫。吕尚一早起来杀猪宰牛，在街上摆一个肉摊子卖肉。吕尚的心思不在卖肉，一刀一刀切着肉，总想着会不会有一天遇着一个知己。这一晃又是十多年过去，不用说知己，相熟的朋友也没几个。年纪渐老，这个体力活也做不下去。吕尚万般无奈，只得离开都城，另谋生路。

一路往南，过了黄河，吕尚在离朝歌一百多里的棘津渡口停了下来。这里人来人往，是个热闹的去处。可是能做什么呢？吕尚四处询问，想打点零工。他已经是一个年近七十的老人，哪有人肯用他。卖苦力是不成了，吕尚就在渡口旁边租了一间小茅屋，开了个小小饭铺，向过往的行人卖酒食。能不能挣钱不重要，总算是有口饭吃。

没想到，只过了几年，这个糊口的饭铺也倒了。困苦的命运逼迫着他，这么老了，还是让他无处安身。

吕尚常听到过往的客人说起周国的国王姬昌。据说他是个敬老慈幼，礼贤下士的人。太颠、闳夭（hóng yāo），还有散宜生、鬻子，都是有名望的能人，据说先后去了岐山，个个都得到了重用。吕尚心里又升起了一些希望。要不然就去一趟吧。反正天下之大，也没有我的立足之处。

吕尚一路西行，一走就是一千多里，终于来到岐山之下。他思来想去，还是没有直接去投奔西伯侯姬昌。他想，自己这么一大把年纪，一事无成，穷困潦倒，跑过去说不定会讨个无趣，还是等待时机吧。这一辈子,反正等得已经够久了。于是吕尚在渭水旁边的磻溪暂居下来。这里风光秀美，民风淳朴，若是注定此生一无所成，在这里安享晚年也算不错。

平常的日子，他就到磻溪来钓钓鱼。不在乎鱼多鱼少，只是有个去处，可以安安静静地坐一坐。这周国果然是好地方。左邻右舍看他一个人孤老无依，个个都来帮他，常常有人送衣送食。虽然只是粗茶淡饭，日子倒也恬静。

吕尚坐在大石上，大半天过去，还是没有鱼儿上钩。他不在意。他几乎感觉不到时间的流逝，眼睛望着远方，实则已经神游万里。想什么呢？过去也没什么好回忆的，一事无成，人生已经到了暮年。要说悲哀，这恐怕是一个有着英雄梦的人最大的悲哀了。

远远有一大队人马，逆着渭河，沿着磻溪走过来。前头跑着一群猎狗。后面有骑马的，有奔跑的，人人手持刀叉，背负弓箭。是一群狩猎者。从阵势上看，应该大有来头。

吕尚远远看了一眼，又回过脸，静静地钓他的鱼。再大的热闹，跟他有什么关系呢。

狩猎的人们呼喊着，猎犬狂吠着，越来越近了。人群当中，有一辆马车，车上坐着的，也是一位老人。吕尚一想，来人必定是周国国王，西伯侯姬昌。

姬昌的祖先，是后稷。后稷名弃。弃的母亲姜嫄，到郊外游玩，踩了巨人的脚印，回来后生了弃，不敢要，先是扔在陋巷，后来又扔在冰上，都没死掉。长大之后，他喜欢耕种，专心经营，成了一国之中有名的种田好手。尧就请了他去当农师，指导天下人耕作。

这一族，从后稷时开始兴起。经过几次迁徙，到姬昌的祖父古公亶父时，迁到了岐山之下。

古公有三个儿子。长子太伯，次子虞仲，三子季历。姬昌是季历的儿子。古公从小喜欢姬昌。太伯和虞仲知道古公想把位子传给季历，然后传给姬昌，就离开周国去了东方的荆蛮之地。这位太伯，后来成了吴国的始祖。

季历继位之后，不断向戎狄征战，使周国成为一个大国。商王文丁担心周国势力强大，就以封赏为名，把季历召唤到都城，名义上封他为方伯，号称周西伯，却把他软禁了起来。过了一段时间，索性断了饮食，把他活活饿死了。

姬昌即位，成为周西伯。

这位姬昌，即位之后，继续实行祖父“翦（jiǎn）商”的国策。所谓翦商，就是有计划地灭商。他对内行仁政，积善行德。对外招贤纳士，侵占小国。先后攻灭了密须国、耆（qí）国、黎国，其中黎国，已经迫近商国的本土了。

此时天下的共主是商王纣，大臣们屡屡向他发出警报，他于是把姬昌关到羑（yǒu）里。

姬昌被圈禁在羑里这个小小的地方，自由还有一点。他就每天演算伏羲传下来的八卦。日复一日，把八卦演变成了六十四卦。姬昌算卦很灵验，人们纷纷说他是一位圣人。商纣王一听，很狐疑。如果他真这么厉害，可留不得，一定要杀掉。

怎么测试呢？他把姬昌的长子伯邑考召来。伯邑考被纣王留作人质，替他驾车，从来都是小心翼翼。纣王什么话也没说，就把他给杀了。然后用他的肉做成肉羹，让人送给姬昌吃。

姬昌吃了下去。

纣王听使者回来一说，哈哈大笑：什么圣人，自己儿子做成的肉羹都不知道。

等纣王的使者一走，姬昌赶紧跑出去，把肉羹吐出来。肉羹落到地上，变成了一只兔子，一蹦一跳地往远处跑了。直到今天，在羑里还有一个小小的伯邑考墓，当地人又叫它“吐儿坟”或者“兔儿坟”。

姬昌被囚禁在羑里，急坏了周国的大臣。散宜生等人想方设法，四处求美女购宝物，想把姬昌赎回来。他们从骊戎那里买来一匹文马。文马有着五彩的身子，火红的鬣（liè）毛，眼睛的颜色如同黄金，颈子底下的毛像鸡尾一样，所以又叫“鸡斯之乘”。据说骑了它，只要不遭横死,能活一千岁。他们又从於陵氏那里得到一个名叫驺虞（zōu yú）的怪兽,长得像老虎,尾巴有身子的三倍长。骑上它,每天可以走三千里。

最重要的是要寻找到一个倾国倾城的美女。大臣们去了有莘氏之国。

当年，商汤娶了有莘氏之女，得到了贤臣伊尹。多年前，姬昌在渭水边上见到一位有莘氏之女,也是一见钟情。《诗经》上有好几首诗，都写到这位名叫太姒（sì）的美女。据说“关关雎鸠，在河之洲”，写的就是姬昌与太姒的爱情。姬昌终于赢得美人的欢心，为了娶她，用船在渭水上连成一座长长的舟桥，亲自带了人，浩浩荡荡过河去迎接。

这一次，他们又在有莘氏那里求得一个千娇百媚的美女。

名马、美女加上从西海之滨找到的白狐，从江淮的水边寻到的巨贝等等珍宝，全摆在了纣王的面前。纣王一看，眉开眼笑。“只要一样就可以把西伯放了，何况送了这么多。快，放人。”

西伯姬昌回到岐山，休息了一段时间，众臣们建议他出去狩猎，算是散散心。出猎之前，西伯卜了一卦。卦词很怪，说他这次狩猎，“所获非龙非螭（chī），非虎非罴”，而是成就霸王之业的辅佐之臣。

姬昌走了一路，也没看到什么奇异之事。一路来到磻溪，远远看到一位老人，端坐在茅草丛中的一块石头上，怡然自得地钓着鱼。这边人喊马嘶，猎狗奔来跑去，林木间不断有小动物惊惶地四散逃窜。可是这位老人却一动不动。

姬昌心里有些好奇，就让随从在远处等着，自己一个人走了过来。走到跟前，看了一眼他旁边的鱼篓，空空如也。

“先生喜欢钓鱼啊？”姬昌问。

吕尚抬头看了看姬昌。“谈不上喜欢。你看我这鱼钩，是直的。愿者上钩。”

姬昌说：“你这是为什么呢？”

吕尚说：“钓鱼就像权术。用厚禄收买人才，用重金收买死士，用官职招揽人才，都如同用饵钓鱼。凡是垂钓的人，目的都是为了得到鱼，这里面的道理很深啊。”

姬昌道：“希望先生您能对我详细说一说。”

吕尚点点头。“如果用细小的钓丝，鱼饵清晰可见，小鱼就会上钩；用中等的钓线呢，鱼饵要香，这就能钓到中等的鱼。钓大鱼，就要用又粗又长的钓绳了，鱼饵也要非常丰盛。鱼只要贪吃香饵，就会被钓住；人如果要得到君王的俸禄，就会听从君王的驱使。所以啊，用饵吸引鱼，就能捉到鱼；用高官厚禄，就能网罗到人才。以家为基础，就能取得国家。以国家为基础，就能够取得天下。圣人所考虑的事，就是让天下之人各得其所，最后使得天下归心。”

姬昌急忙问道：“那怎么才能让天下归心呢？”

吕尚笑了笑，回答说：“天下非一人之天下，乃天下人之天下。能与天下人分享天下利益的，就可以取得天下。独占天下利益的，就会失掉天下。能为天下人谋求利益的，就是王道。道之所在，天下归之。”

姬昌一听，大为叹服。“我祖父太公就曾说过，当有圣人来到我周国，周国就会兴起。说的就是您啊。我们太公望您已经很久了。”说完，请吕尚登上他的车子，一起回都城。

回到都城，西伯立即封吕尚为师。自此之后，人们就称吕尚为太公望，又叫姜太公。

当初，纣王收了宝物，放回姬昌之时跟他说：不是我要囚禁你啊，是崇侯虎。

这个崇侯虎，是崇国的国王。崇国本是尧给鲧的封地，是个战略要地。崇侯虎是个很有眼光的人，看到西伯姬昌收买人心，四处扩张，知道他是商朝的心腹大患，也是自己国家的巨大危险，所以向商纣王进言，要他对周国下手。谁知道，纣王不仅放虎归山，还出卖了他。同时又愚蠢地赐给姬昌弓矢斧钺，让他有实力征伐其他诸侯国。

姬昌与吕尚一商量，崇侯虎是一个大威胁，必须先把他拿下。攻打崇国很不容易。第一次攻打了将近两个月，由于城池坚固，一直没有攻打下来。只好退军回来。过了一段时间，挥军再战。这次用了新发明的攻城工具，终于灭了崇国。随后，姬昌大兴土木，修筑了新城丰邑。把都城迁了过来，作为进攻商朝的基地。

此时臣服于周的诸侯国已有数百个。有的史书上说，天下有三分之二都属于周国了。万事俱备，只等一个时机，即可向商朝开战。哪知道，刚刚才搬到新都，年事已高的姬昌就得了重病，很快离开了人世。儿子姬发即位为国君。姬发尊吕尚为“师尚父”，请他统率全国的兵马。

周王姬发虎视眈眈，而商纣王却越发荒淫暴虐。有天早上，他站在朝歌的鹿台上，远远看到一个老人在河边犹豫不决，想过河，又不敢。他问手下人老人怎么回事，手下人说，人老了，腿上的骨髓就松了，会怕冷。商纣竟然就把这个老人捉了来，让人砍下他的腿，看一看骨髓是不是松了。

比干是商纣王的叔叔，看纣王荒淫残暴，一次次向他进谏，终于惹得纣王大怒：人说圣人心有七窍，我今天就来看看，是不是真的。他令人把比干的心掏了出来。

杀死比干的地方，原先是纣王赏景的一座高楼，因为高耸入云，称为摘星楼。比干在这里被剜心而死，人们自此改称这里为“摘心楼”。

箕子是纣王的另一位辅佐大臣。起初，箕子看到纣王吃饭一定要用象牙筷子，就叹息说：“用象牙筷，就要配玉杯。有了玉杯，就一定要远方的珍宝奇物。如此一来，造华美的宫殿，就不可避免了。国家就是这样开始衰败的啊。”他也曾向纣王苦苦进谏，纣王不理不睬。看到比干惨死，箕子心如刀绞，就披散了头发，装作疯子，天天鼓琴悲歌。纣王看他这样，就把他贬为奴隶，囚禁了起来。

纣王的种种倒行逆施，迅速传遍诸侯国。

周王姬发下令出兵伐纣。

出兵之前，照惯例，要占卜一下，看看凶吉。哪知道一占卜，不吉。大臣们大惊失色，面面相觑。吕尚快步走过来，一把将太史面前的蓍（shī）草和龟甲全都拂到地上，大声说道：“枯骨死草，哪知道什么吉凶！”姬发一看，也就坚定了决心，号令发兵。

姬发用车装着父亲姬昌的木主，说是奉他的遗命前来征伐商纣。所谓木主，又叫灵牌或者牌位。在一块木牌上写上死去的祖先的名字，死者的灵魂驻留其上。木主就是祖先的象征。

大军来到黄河北岸的孟津渡口。军队统帅吕尚，一手拿权杖，一手握黄钺，命令说：“各位将领，统领众兵，集结船只，迟者斩首。”

八百家诸侯一齐聚到渡口前来会盟，军马黑压压的，一眼望不到边。姬发登上战车，检阅六师，他与众将士盟誓说：“商纣王自灭于上帝，结怨于民众。他设立炮烙之刑，杀戮无辜。囚禁直谏之士，不祭天地。上天已经厌恶他，要降下灾祸。古人说，抚爱我的就是君王，虐待我的，就是仇敌。独夫商纣，是你们的大仇敌。我现在就率领你们，去把他歼灭。”

周武王姬发在孟津渡做了三篇《泰誓》，统一军心民心，提升士气。誓师已罢，他命令吕尚率领最精锐的戎车三百乘、虎贲三千人连夜向朝歌出发。

黄河之上，人喊马嘶，火把照得两岸明亮如昼。不知道从哪里飞来许多像红鸟一般的大蜂，聚集在姬发的船上。姬发认为是吉兆，让人把这蜂鸟的形状画在军旗之上。后世的军旗上多画鸟像，就是从此而来。

经过六天六夜的急行军，部队在黑夜中到达了朝歌城外的牧野。吕尚立即排阵。阵型还没有排完，天就下起雨来。众军就在这雨中肃立着。

第二天，是甲子日。天刚亮，商纣王就率领着黑压压的部队蜂拥而至。雨慢慢停下来，商纣王抬头一看，大吃一惊。面前整整齐齐地列着一个铁一样的方阵。这个方阵在这里已经站立了许久，一动不动，人人都像标枪一般。

商纣王少年时就随父亲东征西讨，杀敌无数。他的天资极高，力大无穷，能够空手与野兽搏斗。即了帝位之后，常常在群臣面前夸耀自己的能力，认为谁也不如他。原本他对周国来犯，是丝毫也不在意的。没想到这么快，他们竟然就打到了京城。可是他的部队由于荆夷作乱，正在东方作战，此时正是京城空虚之时。听说周军已经到达孟津，他只得驱使京城的奴隶，编成队伍，到城外列阵作战。这些奴隶，有一部分是犯了事，从各国逃亡而来，被商纣收留的。商纣的这个做法，引起各诸侯国的怨恨。许多国家之所以随周国反叛，这也是一个重大原因。更多的奴隶，都是战争中的俘虏。这些人个个怀有异心，哪会甘心为纣作战。纣王心里也明白，可是除了自己不多的亲兵之外，其他也无兵可用。几个忠于自己的诸侯国派来的援军还没赶到，周兵就已出现在面前。

天大亮了，周武王站在战车之上，对部队发布命令说：“众将士，举起你们的戈，排好你们的盾，竖起你们的矛。每次前进，不超过六步七步，攻击时不超过六七次，就要停下整顿队形。你们要像虎豹熊罴那样去战斗。临阵不战者，死。”

话音刚落，吕尚带着一名百夫长，直驶敌阵，照当时战争的仪规，向商军挑战。一时之间，战鼓齐擂，喊杀声惊天动地。周军的战车，旋风一样往前直撞。后面的虎贲之师，排山倒海般碾压过去。

大地颤抖着。

商纣王指挥着部队向前迎敌。可这是怎样一支部队呢？大部分都是奴隶，刚刚还在做着苦力，突然被编起来，既没有训练，也没有排过战阵，完全是乌合之众。等周朝的战车猛力一冲，立即涣散。有人抱头鼠窜，有人扔下兵器投降，有人甚至倒戈相击，回头攻击督战的商军了。漫山遍野的商军如雪崩一样，四散而逃。吕尚没想到商军如此不堪一击，看到他们溃败，毫不迟疑，立即挥军追击。

奴隶四散而逃。随着商纣王退到都城玉门的，都是他的贴身侍卫军。这支军队，虽然人数不多，却都是精锐之师。玉门是朝歌城的西南门，门外有沧河。纣王把部队排出阵，打算在这里决一死战。

这一战，才是硬碰硬。双方短兵相接，以命相搏。呐喊声惊天动地。士兵们一个接一个倒下，鲜血汩汩而流。时间不长，沧河里的水全都被鲜血染成了红色。《尚书·武成》里记载这一场面时，用了“血流漂杵”

一词，可见这一战是如何残酷和血腥。血水沿着沧河一直往南流到淇河口，凝固了，淤积在一个小村子的村口。在这之后，这个小村就叫血村，后来变为薛村，如今改名叫小河口。

商纣王寡不敌众，几乎全军覆没，只得再次败逃。他带着残兵退回鹿台。这个鹿台他前后修建了七年，方圆三里，布满了亭台楼阁，里面堆放着从各地搜刮而来的珠宝美玉。这里既是他与后妃们享乐的乐园，也是个易守难攻的要塞。纣王想在这里稍作喘息，再退守到朝歌山上的朝歌寨，在那里坚守，等待援军。

上朝歌寨只有一条羊肠小道。从寨顶望下来，拦马墙、饮马池、跑马岭,贮藏粮食的山谷,将军发号施令的令山尽收眼底。到了朝歌寨，周军再攻打就不容易了。然而这么一个险要之处，商纣王是去不了了。朝歌寨的士兵们早已被他投入战场，所剩不多的部队，此时正与周军在鹿台下殊死搏斗。援军呢，近处的诸侯依然杳无音信。而他精锐的大部队，正在遥远的东方与夷人激战。

朝歌兵力空虚，周军乘虚而入。

周军很快就攻破了鹿台。已经听到宫殿外面的叫喊声、戈矛的撞击声。纣王走投无路,穿上缀着珠宝的衣裳,坐到随从堆好的木柴堆上。周兵已经在用撞木冲撞大门了。纣王点点头。随从把手中的火把往柴堆上一丢。商朝最后一个王，立即被大火吞没。

吕尚马不停蹄，兵分几路，去迎战前来支援纣王的诸侯。诸侯听闻纣王已死，兵无斗志，纷纷溃败。仅仅四十六天，周军横扫九十九国，击败敌军十七万七千多，俘虏三十余万。

周王姬发进了朝歌城。他让吕尚用黄色的大斧，砍下商纣的人头，挂在大白旗上。又用黑色的斧子把已经上吊自杀的妃子妲己的头砍下来，挂在小白旗上。然后把一百多名助纣为虐的奸佞之人绑缚了，在这旗子的导引下，送到新建的大庙。大庙里供奉着周文王的木主。庙祭了五天，向祖先汇报胜利的喜讯。接着又去进行社祭，这是向天帝汇报。

四弟周公旦、十五弟毕公高，手持大斧，守在姬发的两旁，散宜生、太颠、闳夭等重臣，手持宝剑在后面护卫着，群臣诸侯跟在后面一起来到神社。姬发站立住。"师尚父"吕尚牵来祭祀的牲畜，太史按照策书祈祷，向神祇禀告讨伐商纣之事。然后以牺牲祭祀。祭礼已罢，姬发命令把商纣王积聚在鹿台的钱币、囤积在钜桥的粮食，发放给贫民。周王姬发的仁爱之名，一下子传遍四海。

姬发又派人为比干的墓加土上坟，把箕子释放出来，商国民众交给纣王的儿子武庚管辖。一切安排妥当，然后带上九鼎，彩旗招展，凯旋回周国。

箕子被释之后，隐居到箕山。周武王姬发知道他是一个贤人，想向他请教治国之道，亲自来拜访。武王见到箕子，问他殷商亡国的原因。商朝的灭亡，是箕子的伤心之事，他不愿提起，就向武王说了一番大禹传下的"鸿范九畴"的治国之道。武王请他出山为官。箕子说，商亡了，我是不能做新朝的臣子的。等武王一走，他立即打点行装，带着商朝的一批故人，一路往东，一直跑到了朝鲜。

武王听说箕子去了朝鲜，就封他为朝鲜之王，不把他当自己的臣属。过了几年，箕子把朝鲜治理得井井有条了，思念故国，就又回来了一趟。他经过商朝的故城，看到宫室都倒塌了，遗址上杂草丛生，除了一些吃草的牛羊，几乎没有人烟，荒凉得令人心痛。箕子想到纣王不听自己的劝谏，最后让国家落得这样的下场，不禁心如刀绞，写诗唱道："麦秀渐渐兮，禾黍油油。彼狡童兮，不与我好兮。"歌很快传遍朝歌，商朝的遗民们，唱者与听者，无不流泪。

商朝灭亡了。一个灿烂多姿的周朝从废墟上开始崛起。

吕尚因为立下赫赫战功，被周武王姬发封地于齐国。

吕尚率领部属随从，一路往东前往自己的封国。东方的大海之滨，原本就是他的故土。时隔多年，重又返回，吕尚心中是五味杂陈。一路走走停停，接近都城营丘之时，天色尚亮，大家安营扎寨下来，打算好好歇一晚再走。天色黑下来，吕尚到营外巡视，听到有人在低声交谈："机会难得啊。你看他们睡得这样安稳,哪像去兴建国家的样子。"吕尚大吃一惊，立即率部火速行军。急行军一夜，天刚亮，就赶到了淄（zī）河西岸，朝河对面一看，黑压压的一支军队，正涉水直奔营丘而来。

来的是莱人。莱人本是神农氏的后代，他们最早培育出了麦子。"来"字的本义就是"麦"。在甲骨文里，来就是生着对生叶子的禾苗上长出一撇，这一撇，象征着麦穗。莱人就是种出麦子的人。他们一路从西往东迁徙，走到哪里，就把麦田带到哪里。炎黄两族合并之后，他们就安居在商河，住的地方就叫麦丘。商人兴起之后，他们再次被往东南驱赶。商周之交，他们来到了这几百里外的营丘附近。听说吕尚带人要来这里兴建齐国，他们就倾巢出动，来争夺营丘。若是吕尚迟来一步，建立齐国，恐怕就困难了。

吕尚来得及时，立即率部向莱人发动攻击。他手下的部队身经百战，连商纣也不是对手。加上吕尚又是一个高超的军事家，土著莱人哪是他的对手。只一战，他们就溃不成军，往海边遁逃。

吕尚进了营丘。此时的齐国，偏处东方，国小民穷，从来不曾有过有序的管理，到处混乱不堪。吕尚决定以法治国。

此时，掌管刑狱的司寇叫营荡。他声称要以仁义治国。可是背地里却结党营私，杀害无罪之人。吕尚大怒，说他“以仁义乱齐”，把他给杀了。

东海有个名叫狂矞（yù）的人，名声很响，据说是一个贤人。吕尚三次去拜访他，他都闭门不见。吕尚就把他抓了起来。武王的弟弟周公姬旦，封在隔壁的鲁国，听说吕尚抓了狂矞，急忙赶过来。等他赶到齐国，吕尚已经把这个狂矞给杀了。

周公在周武王去世之后，曾摄周王之政，在周成王成年后，又还政于他，是孔子最为景仰的贤人。周公以礼乐治国。据说体现着儒家仁爱精神的《周礼》，便是由他所著。杀一个无辜之人，这是他极其反对的。

周公旦生气地问吕尚："先生，这位狂矞是天下有名的贤人，你怎么就把他给杀了呢？"

吕尚说："这个人，他说他不做天子的臣子，也不跟诸侯为友。耕田而食，掘井而饮，无求于他人。他不做天子的臣子，就不会臣服我。不跟诸侯做朋友，就不会做我的官。无求于人，我就没办法对他进行奖惩。治理国家，就靠授官职、加俸禄、奖励和惩罚这四种手段。而这四种手段对他都没用，我拿什么来治理国家呢？以名士自居，不肯为明主所用的人，就像一匹马，让它走，它不走，让它跑，它不跑。这是国家大害，所以要杀掉。"

吕尚杀狂矞的事，记载在《韩非子》里。是法家以他说事，还是实有其事，很难说。不过吕尚与周公的理念，的确完全不同。吕尚以天下为饵钓得周文王，自己也接受"师尚父"这个饵，辅佐周武王。活着，就是为了成就事业。这是他对人生的理解。

靠着霸气与杀气，吕尚很快控制住齐国的混乱局面。他大兴渔盐之业，劝种麻纺丝，奖励冶炼，鼓励经商。对别国来的商人，甚至不收税费。四方民众，少有人不贪利，于是纷纷归于齐国。齐国很快就显出大国气象。

吕尚一生经历了周文王、周武王、周成王数代，直到周康王六年才去世，活了一百多岁。从助周文王强国，到为周武王征商，吕尚屡出奇计。有人把他的智慧记在一本名为《六韬》的书中。这是一本兵书，里面有着种种深奥的谋略。后来的军事家，几乎都受到他的影响。

人们把他称为兵家之祖。

明代许仲琳把吕尚助周灭商的事，写成了《封神演义》。吕尚——那位手执打神鞭的姜太公姜子牙，成了天下诸神的统帅。怎样才能成为神呢？一本《封神演义》上满满地写着：斩将封神。到了姜太公的时代，成神之路也充满了血腥。诸神都是带着血迹，升到天界。

姜太公，从来不是一个满脸慈善、羸弱不堪的老人。他大半生孤苦无依，抑郁不得志，可是胸中的豪气没有消减半分。他运筹帷幄的智慧，显得深不可测。他的性格刚烈无比，充满着杀伐之气。直到今天，每年的大年三十，人们都要在家里的神案上，贴上一张细细长长的红纸条，上面斩钉截铁地写着："姜太公在此百无禁忌"。

令人既敬且畏的姜太公，驻留在每个平凡人家的神案上。他吓阻一切可能作恶的邪神鬼怪，同时又鼓舞着那些一无所成却又心有不甘的人们。

第十五章

伯夷 叔齐

为一个“义”字

他们饿死在首阳山上

周文王死了，周武王用车子装着他的木主，率领大军，向朝歌进发。说是遵从父亲的遗愿，去诛灭商纣王。兵马浩浩荡荡，如一条长龙，一眼望不到尽头。刚要出周国的时候，忽然来了两个人，闯到队伍当中，要见大幡旗底下的周武王。

两个人风尘仆仆，身上的衣服又破又旧，鞋子也已经裂开了口，一看就知道赶了很远的路。他们拦住周武王的马头，责问道：“你的父亲刚去世，你不把他好好安葬，反而大动干戈，你这是孝吗？你是商的臣子，却要去杀死你的君王，这是仁吗？”

武王一时无言可对，左右的侍卫看他们说话这般无礼，从腰里拔出刀来，横在他们面前。回头看一眼武王，只等他一句话，立即就要把这两个不知轻重的疯子砍翻在地。

一旁的太师吕尚赶紧下马，走过来，挥手让侍卫退下。对武王说道：

“这两位，一位是伯夷，一位是叔齐，我早就听说过他们，都是仁义之人。让他们去吧。”说完，就扶他们到一边，劝说几句，让出了大道。风把军旗吹得猎猎作响，部队重新启动，人喊马嘶，热闹中带着杀气。伯夷、叔齐站在路边，默默无言，满脸的悲戚。

伯夷和叔齐，是北方孤竹国的王子。伯夷是长子，叔齐是三子。孤竹国王亚微喜欢叔齐，想把王位传给他。老国王去世，叔齐认为按照礼仪，应该由大哥即位。伯夷说，父亲希望让你继承王位，我不能违背他的意愿。叔齐说什么也不肯即位，坚持要让给伯夷。伯夷悄无声息地走了，为了逃脱王位，他孤身一人离开了孤竹国。叔齐听到消息，心里很难过，也扔下王位，去追自己的哥哥。孤竹国的人只好立伯夷的二弟亚凭为王。

这个孤竹国，在辽西郡卢龙县。商汤王灭了夏朝，分封古代帝王的后代和有功之臣。有个墨台氏，是神农氏的后代，汤王把他们分封到了北方，叫孤竹国。《尔雅》里说:“觚（gū）竹、北户、西王母、日下，谓之四荒。”。觚竹国在北方，北户国在南方，西王母国在西方，日下国在东方，都是边陲远国。这个觚竹国，就是孤竹国，商汤王封他们在这里，一是护卫自己的北疆，另外也希望这里成为自己的一个根据地。所以自商朝建立，孤竹国就一直与王室通婚不绝。婚姻是大事，都要占卜，并把结果记载下来。至今在从商都挖出的一些甲骨文上，我们还可以看到“妇竹”“妻竹”“竹妾”等字样。

觚竹国的“觚”，一个意思是青铜的酒器。另一个意思是用于书写的木简。这里的“觚”是指木简。而“竹”呢，是指用于书写的竹简。“觚竹”二字，有着记载历史、传承文化的意思。表明他们虽远在北疆，仍是华夏的礼仪之邦。后来觚竹国渐渐又被人写作同音的孤竹国。

伯夷逃国而去，叔齐也逃国去追赶。这一走一追，就是很多年。他乡相见，两人悲喜交集。彼此一看，头发都已经斑白了，不禁抱头痛哭。

原先是一人孤独流浪，现在是两人相依为命。茫茫大地，去哪里呢？商纣王残暴不仁，手下的贤臣死的死，逃的逃。商国显然是不能去了。听说周国的西伯侯姬昌，是个仁爱之人，四方的贤才纷纷慕名而至，应该是个不错的养老之地。两个人一商量，去周国吧。于是接着一路往西。

谁知道来到周国，听说姬昌已经死了。他的儿子姬发正领着大军，去向商纣王开战。

伯夷、叔齐心忧如焚。他们视王位与富贵如粪土，念念不忘的是“仁义”二字。人无仁义，与禽兽何异？这个商纣王是残暴，可是你周王姬发发动战争，就不残暴吗？伯夷、叔齐反对一切战争。所谓战争，无论有着怎样的借口，无非是以暴易暴。受苦的是百姓，得利的只有帝王。只因为少数人把王位权力看得太重，天下才征战不息啊。

两个人急匆匆赶过来，想拼死阻挡周武王。可大军已发，如箭离弦，就他们两个人怎么可能阻止？更何况，即便大军没有出动，武王也不会听从他们。道不同，不相为谋。

两个人叹息一番，只得离去。他们知道，武王这一去，不管结果如何，总之是要血流成河了。

时隔不久，就听说纣王兵败，在鹿台自焚了。周朝代替了商朝，天下成为周武王姬发的天下。

武王是个重才之人，听人说伯夷、叔齐德才兼备，就让人来请他们出来做官。授官一品，加俸二级。伯夷、叔齐一听，深感耻辱。他们拒绝说：“从前神农氏治理天下的时候，不因别人卑下来抬高自己，也不因遇到好时运而谋图私利。现在，你们靠高官厚禄收买人心，以武力保持威势，用攻伐追求利益，以乱政代替暴政，和你们周朝并存，就是污染我们的德行。”说完，他们收拾了行装，又往西去，要找一个地方安安静静地躲起来。

这一走又是七百里。忽然望见一座风光秀美的大山，问一问当地人，叫首阳山。两个人都觉得这里好，就停下来，决定在这山里隐居。

伯夷、叔齐一直在外奔波，年事渐长，身体也衰弱了，耕田打猎都没有力气。本想找一个仁义之国安享晚年的，没想到天下之大，根本没有仁义之处，只得离世远避。可是隐居也要生活。怎么办？

他们就到山上采集野菜。首阳山最多的是薇。薇对生着一片一片的细长叶子，开着白色、红色或者紫色的花。花是一串串的，如长长的风铃。六月开花，七月结果。结的荚弯弯的，如女子的眉毛，又像月初的月亮，一个挨一个，悬挂在细藤上。等这荚长得熟了，变成了黑色，打开一看，里面几粒圆圆的小豆。这小豆也好吃。因为薇长得像豌豆，又叫野豌豆，也有人叫大巢菜。薇的叶子嫩嫩地长出来，掐下来，放在嘴里慢慢嚼一嚼，甜甜的，还有一丝青涩。

伯夷、叔齐就采薇为食。毕竟是野菜，吃得再多，还是饿。他们却不以为苦，觉得这样活得自在。

伯夷、叔齐在首阳山隐居的时候，周武王又去拜访了箕子。商纣王死后，箕子被人放了出来，就带着家人随从，隐居在箕山。周武王向他咨询了一番治国之道后，也请他出山做官。箕子拒绝了。等武王一走，他也收拾了行装，要远远离开周国。可是现在的周国，已经不是以前的周国了。周国不仅拥有了原先商朝的天下，四周数千个诸侯也都臣服于他，几乎全天下都是周朝了。箕子心伤故国的灭亡，不愿在新朝为官。可是能去哪里呢？箕子想到了孤竹国。

箕子的女儿就嫁在孤竹国。孤竹国远离中原，偏居北方。虽然中原易主了，孤竹国还没有归顺，他们一直忠于商王朝。箕子主意已定，立即动身。

箕子到了孤竹国，国君亚凭隆重地把他接到都城。亚凭早已知道周灭了商。箕子又跟他说起伯夷、叔齐拦住周武王马头劝谏的事，这事已经传遍诸侯国。经过多方打听，他们让国的事也为众人所知，大家都是感慨万分。据说武王也派人请他们到周朝为官，他们又从周国逃走了。去了哪里？没有人知晓。亚凭听箕子一说，也是满心的悲伤。

箕子在孤竹国没有住多久，就听说周武王把召（shào）公姬奭（shì）封在燕。箕子知道，这个召公是帮武王处理政事的左膀右臂，是个厉害角色。他的燕国就在孤竹国旁边，可谓虎视眈眈。看来这里也不能久待了，于是他决定继续往东。这一次，索性走得远点，一直走到没路可走的大海之滨吧。箕子打算远走朝鲜。

听说箕子要去朝鲜，孤竹国的许多人都愿意跟他同行。亚凭呢？深受伯夷、叔齐的影响，对于王位和国威，看得都不重。只要百姓愿意，他就支持。谁想随箕子走，都行，那是他们自己的自由啊。要知道，跟随箕子去的，几乎是国家一半的人呢。亚凭毫不在意，仍然尽力为他们准备行装，要物给物，要马给马。

箕子的队伍一下就壮大了。此时的朝鲜，是个蛮荒之地，如果没有足够的人去，还真建不起来一个国家呢。

几千年之后的一九九二年，人们在孤竹国的故土上，挖到了一件商末周初的铜鼎和一件铜簋（guǐ）。铜簋的底上有着一个铭文“箕”字，铜鼎内壁有一个铭文“卜”字。专家们认为，这是箕子嫁女儿到孤竹国的陪嫁之物。不知道他女儿这一家，是不是也跟随着他去了朝鲜。

箕子远去了朝鲜。孤竹国君亚凭又派了人，去中原打听伯夷与叔齐的音讯。

他们没有找到伯夷与叔齐，只带回来一首听到的歌："登彼西山兮，采其薇矣。以暴易暴兮，不知其非矣。神农、虞、夏，忽焉没兮，我安适归矣？于嗟徂兮，命之衰矣。"

伯夷、叔齐已经死了，饿死在首阳山下。这是他们死之前所作的一首歌。

有人说，伯夷、叔齐采薇为生，本已经极其饥饿，又遇到一个妇人跟他们说："你们不是'义不食周粟'吗？这薇也是周朝的草木啊。"两个人于是连薇也不吃，就这么饿死了。

伯夷、叔齐或许因为饥饿而死。然而，他们不会因为无知妇人的一句话绝食而亡。所谓"不食周粟"，说的是不拿周的俸禄。至于大地上生长的万物，那是天地给天下人的。他们不是为了跟什么人赌气而隐居，他们的隐居，只是为了追求内心的安宁，得到清净与自由。

孔子说，伯夷、叔齐"不降其志，不辱其身"，是"求仁得仁"。司马迁在写《史记》时，把他们放在《列传》的第一篇，并且一反常态，传记很简略，一大半都是感慨议论。他说，天下人皆为争利而来，唯有他们是奔义而去。"举世混浊，清士乃见"。后人以为的盛世，对伯夷、叔齐而言，比商朝也相差无几，都是争权夺利的浊世。在浊世当中，要么同流合污，要么离而出走。

伯夷、叔齐死了。孤竹国悄无声息地存在着。直到灭国的时候，才在史书上留下一点点痕迹。《国语》上记载说：齐桓公“北伐山戎，剕（fú）令支、斩孤竹而南归”。齐桓公为救燕国，出兵伐山戎时，同时灭了令支国和孤竹国。攻打孤竹国的时候是春天，回来时已经是冬天。他们回来的路上迷失了道路。管仲于是让老马走在前面。果然，老马识途，人们紧随其后，终于走出了困境。在今天的卢龙县附近，还有一个地方叫迷谷。

又过了许多年，汉朝灵帝时，出了一件怪事。辽西太守廉翻夜里做了一个梦，有个人对他说：“我是孤竹君的儿子，伯夷的弟弟。辽河把我的棺材漂了过来。你是一个仁善的人，请您帮我埋葬了。”第二天，河里果然漂来一具棺材。廉翻派人捞了上来，改葬了。这个墓到宋朝时还在。此事记录在北宋的《太平寰宇记》中。据说有人偷偷打开棺材，想看一看这个“伯夷之弟”长什么样子，结果得暴病死了。这位伯夷之弟，就是孤竹君王亚凭。

伯夷、叔齐呢，人们景仰他们的风节，许多地方都建了他们的墓。其中的一处在渭源县首阳山的山湾里。两个墓都是两米高，紧紧相靠着，四周长满了青松翠柏。墓前立了一块碑，上面用楷书写着“有商逸民伯夷叔齐之墓”。书写碑文的，是清朝陕甘总督左宗棠。

伯夷、叔齐弃王位如敝屣，视富贵如浮云。他们用言词或者行动，批评当政者，而且决不妥协。他们是完全独立的人，有着自由的心，也许是中国最早的“知识分子”。古人把他们这样的人，称作高士、隐士。

屈原、陶渊明、苏东坡，代代有人用诗文来吟诵他们的高风亮节。身不能至，心向往之。而这些人，又成为后来人吟诵并神往的对象。人会孤独而死，精神却可以接力。

第十六章

周公

他用“礼”“乐”

试图建立一个美好长存的“乌托邦”

孔子经常在梦里梦见周公。后来有很长时间梦不到了，就很伤感，叹息着说:“我是衰老得太厉害了。我已经很久没有梦到周公了。”

春秋之时，礼坏乐崩，孔子一生的理想就是恢复周礼。创建周礼的,就是周公。不再梦到周公,孔子觉得自己的理想恐怕是没法实现了,不禁悲从中来。

周公名姬旦，是周武王的弟弟。因为他的采邑在周，人们称他为周公。周武王最重要的大臣有三位。一位是周公旦，一位是太公望，还有一位是召公奭。太公望名吕尚,官职为太师,是周王朝的军事统帅。召公是周族的长老，官为太保，是帝王的监护人，地位很高。周公的官职是太宰，相当于后世的宰相，是百官之首，后来又被封为太师。

周武王灭商之后,过了两年,得了重病。他本有意把王位传给周公,周公流着泪，不肯接受。武王去世，继位的成王年纪很小，周公当了摄政王，把成王抱在膝盖上处理军国大事。

“文王百子”是民间流传的说法，真实性不可考。但周文王的子女的确众多。不算其他妃子，仅他的王后太姒，就生了十个儿子。长子伯邑考被纣王杀了。次子就是周武王姬发。三子是姬鲜，封在管国，又称管叔。四子是周公姬旦，等等。

周武王把三弟管叔、五弟蔡叔、八弟霍叔，都封在商朝旧地，彼此协助，监督商纣王的儿子武庚，一同治理商朝的遗民，叫“三监”。

周武王一死，管叔看到国家大权掌握在周公手里，很有怨言。如果依照商朝“兄终弟及”的传统，这王位就该他来继承。于是他四处散布流言说:“周公要对孺子不利啊。”“孺子”,既有天子继承人的意思，也指小孩子，说的是周成王姬诵。

流言对周公产生了很大的威胁。他不得不向大臣们解释:“我不是贪图权力。成王太小，我不摄政来主持大局，国家就会很危险。到时候，我怎么去面对武王、文王和列代祖宗啊！”

管叔一边造舆论，一边联合蔡叔、霍叔来劝诱商纣王的儿子武庚造反。东夷的大国奄国和薄姑国的国君也劝武庚：“武王死了，现在的成王年幼无知，国内的人对周公也充满疑虑，这是百年一遇的好机会啊。”

于是，管叔、蔡叔、霍叔这“三监”，不监督武庚，反而联合他起兵反叛。东方反叛的就更多了，有十七个国家。

周公出兵平叛之前，先占卜，结果是吉。可是大臣与诸侯都不肯出兵。

“困难太大了。国内人心惶惶，很不安定。而且叛乱的是王室和诸侯宗室的人，里面有许多都是我们的父辈亲属。这个仗不能打。还是不要听占卜的结果吧。”

占卜的结果是天意，天意是人人敬畏的。他们宁可违反天意，也不肯打仗，可见周公面临的局面是何等凶险。

但若不战，国家将从此四分五裂，并且会陷到长久的混乱之中。周公只得反复劝说，劝说的言辞被人记录下来，名为《大诰（gào）》，收在《尚书》的“周书”中。

部队勉强完成集结，向东方进发。

周公采取稳打稳扎的策略。先是遏止叛军的势头，然后各个击破。战争打了两年，终于杀了管叔与武庚，流放了蔡叔与霍叔。然而东夷的势力却是越来越大。而且，武庚的一些部下，也逃到东方去与他们会合了，其中就有商纣王原来的宠臣蜚廉。

蜚廉的儿子叫恶来。恶来力大无穷，能与虎豹搏斗。蜚廉擅长奔走，能日行百里。周武王灭商的时候，杀掉了为纣王死战的恶来。

商周大战的时候，蜚廉受纣王之命出使北方去了。回来的路上，听说纣王死了。他没办法复命，就在霍太山修了一个土台子，摆上纣王的灵位，向他汇报出使的情况。在挖土堆台的时候，挖出一个石棺。上面有字，大意是：你的国家灭了，君王也死了，而你却不忘使命，上天把这个石棺赐给你，让你的后代发达。蜚廉收下石棺。他的后代有一个成为战国时赵国的国君，另有一个成为秦国的国君。

蜚廉听说纣王的儿子武庚起兵攻周，就带了人马前来助战。谁知道又一次战败了，只得逃往东方。

规模庞大、残酷血腥的战争，才刚刚开始。

东方有个大国叫奄，都城在曲阜。商朝有三代曾以这里为都。盘庚就是从这里迁都到殷的。到了商朝末年，奄国日渐强大，联合东夷各国，不断向商国发起挑战。商纣王曾经与他们大战一场，打了胜仗。可是这场大战，使得商朝实力大伤，并且由于部队驻守在前方，都城空虚，被周武王乘虚而入，终于国破家亡。

周朝灭商之际，奄国、徐国、薄姑等东夷一直在观望着。等到武王一死，武庚叛乱，立即起兵响应。而他们，才是周公真正的劲敌。

奄国、薄姑等国，都是少昊的后代。由于都以鸟为图腾，又称为鸟夷。之所以称他们为“夷”，因为他们的习俗与中原人很不一样。他们身穿草木编织或者兽皮缝制的衣服，下海捕鱼，上山打猎，四处游牧。当时，东夷所在的山东南部、江苏北部这一带，密布着森林水泽，野兽众多。他们还从舜那里继承了驭使大象的本领，就更加纵横无敌了。

周公大军压境，他先不急着决战，而是一个小国一个小国地攻击，慢慢向前推进。一路上，周军砍伐森林，把老虎、豹子、大象和犀牛等猛兽，驱逐到更远的地方。习惯游牧的夷人，无林可守，节节败退，根据地不断缩小。最后，只剩下奄国一个，孤立在那里。

周公挥军四面围住。奄国战败。奄的都城曲阜，就此成为周公封国鲁国的都城。

从杀了武庚到奄国灭亡，这一场东征，又过去了整整一年。

这是一场苦战。战争的痛苦与悲伤，被当时的人写成一首《破斧》之歌，记录在《诗经·豳风》之中。

“既破我斧，又缺我斨（qiāng）。周公东征，四国是皇。哀我人斯，亦孔之将。”

斧装柄的孔是圆的，斨装柄的孔是方的。两者都是斧子。斧子砍得又残又缺，战争真是残酷到了极点。周公东征，降服了东夷之国。可怜这些将士们，能够活着已经很幸运了。

东征的胜利，使得岌岌可危的周王朝转危为安。可是，商朝立国数百年，人数众多，势力强大，为了防止他们再叛乱，必须把他们分散到全国各地。其中一部分分到了宋国，一部分分在卫国，又有很大一部分，迁移到了洛邑。远离故土，民众心中怨恨，周公在洛邑给他们作了一篇训词，以安抚他们，叫《多士》。

周公说，把他们迁到这里来是天命。夏桀淫逸放纵，天帝废了他的天命，由商汤代替。商纣放纵淫乱，不顾民众疾苦，天帝就不再保佑商国。你们服从周，就赐给你们住宅和田地。如果努力耕种，勤于事业，就可以选拔到朝廷任用。如果不听，就要重重惩罚。

周公不只是迁来商人，还把俘获的奄国人也迁了过来。为什么要把这么多人迁到洛邑呢？因为周公想把这里打造成新的王都。

周的都城由丰、镐（gǎo）二京构成。周文王建了丰京，在沣（fēng）河西岸，周武王建了镐京，在沣河东岸。这两个都城很大，可是偏于西方，很难控制各方的诸侯。早在周武王攻灭商朝回到都城之后，他就在思考这个问题，常常夜不能寐。周公去问候，他说要安定天下，就要在洛邑建都。洛邑是天下的中心。他把这个重担交给了周公旦。武王一死，国家大乱，这一乱就是三年，现在终于平定了，周公腾出手来，开始做这件大事。

开工建城的日子是周成王五年的三月二十一日，这是一个吉日，当年武王就是选了这个好日子，在牧野向商纣王发起总攻的。

洛邑的都城，建了一年，建成了两座城。一座王城，在西边。里面是君王的行宫、官员们的官署等。另一个是外城，紧靠着王城，在东边，又叫郭。里面居住着民众，还有庞大的部队。这个部队叫“殷八师”，士兵们大都是从殷商的遗民中征集的，将领是周国的贵族。他们的任务一是守卫都城，二是征伐胆敢作乱的诸侯小国。

东都建成了，成王也已经长大成人。周公还政于王。成王在镐京即位，任命周公为太师，在东都主持四方的政务。

东都洛邑叫成周，意思是建成了周朝统治四方的中心。西都的丰镐二京，叫宗周。因为周天子是天下的大宗，各个诸侯国是小宗。

至此，天下才算真正稳当下来。

可是如何把这个天下长久地延续下去呢？周公穷尽半生的心血，借鉴历代的制度，画出了一个极其复杂的蓝图。人们把这叫作“制礼作乐”。记载礼乐的《周礼》《仪礼》相传都是周公所作。还有一本《礼记》，是儒家对《仪礼》的解释。这几本书，从天文历法、邦国建制、礼乐兵刑到赋税度支、膳食衣饰、工艺制作，无所不包。时至今日，透过其中庞大而又细致的叙述，我们依然能触摸到三千年前这个大国运转的复杂结构，能够看到这个国家鲜活生动的生活情境。

“邦畿（jī）千里，惟民所止。”东都成周与西都宗周之间，沃野千里，是老百姓们无比向往的好去处，也是周王朝统治天下的核心地域。周武王与周公，又在全国分封了七十一个诸侯国。诸侯国为周朝提供贡赋，既有粮草、钱币和特产，也有人力和兵源。这些诸侯国，星星点点，把整个周王朝，连成了一个网络。他们相互关联，彼此依存。周天子的意志，就通过这个网络，传送到最为边远的角落。

大大小小的国家又分为三个部分。一是“国中”，是城郭以内的国都。一是城外的“四郊”。还有“郊”之外的“野”。

城里面有王宫、官署，还有许多堂皇的建筑。有神社、祖庙、大殿，最重要的是明堂。明堂是用来举行重大祭礼和典礼的地方，也是施政的场所，君王将在这里宣布符合天意的法令，并请求得到上天的帮助。

城里既有王公贵族，司徒司马司寇等国家重臣，也有制作各样器物的工匠，还有贩卖货物的商旅。加上众多的军人、百姓，从早到晚，一片喧嚣。

离开都城，就是四郊。居住在四郊的人，和城中人一样，都称为“国人”。

郊区疏落地分布着大大小小的村庄。两千户人家，就是一乡。每个乡里，都有一座显目的水榭。方方的基台上，树着几根粗木的柱子，四周没有墙。上面是圆圆的屋顶，屋顶上盖着茅草。水榭的周围挖了一圈水池，水池上建了一座小木桥，与村庄相连。这座水榭是全乡最重要的活动中心。一乡的人们在这里集会、宴乐、习礼与练武。这也是学校，年轻人都要到这里来学习。

孩子们八岁上小学。小学在村子里上，由家人教，或者合请一个先生教授计数、舞蹈、唱歌等。到了十五岁，开始学习音乐、技击与射箭。这时就要到乡里去了。乡里的学校叫庠（xiáng），是很大一片园地，里面有园林、水池和一些建筑。其中被一圈水围着的榭，就是最核心的学习场地。

榭本来叫射，因为要在这里学习射箭，里面总是竖着几根木柱子，就把“射”加了个“木”旁，叫“榭”。榭的外面，隔着水池，总要有一大片园林，好让箭有飞翔的空间。

男孩子在榭中学射到二十岁。二十岁已经长大成人，要举行隆重的成人礼，叫冠礼。

冠礼在宗庙的台阶上举行。主持人是父亲，给孩子加冠的是特意请来的嘉宾。孩子小的时候，头发总是扎成两只角，朝天竖在头上，叫总角。古人说“总角之交”，是说这两个人交情很深，从小就在一起玩。现在要举行成人礼了，要把头发放下来，再细心地盘在头顶上，用发簪束好，这叫结发，然后再由宾客加冠，戴上帽子。

戴冠要三次。第一次是穿黑色的衣服，戴黑麻布或者绢制的冠，表明你从此有了参政议政的权利。第二次要戴上一顶用鹿皮做的皮帽，表示你有了参军打仗的权利与义务，有能力去保卫国家了。皮帽子只有在打猎和作战时才会戴，如果平时戴着它去见客，那是一种大不敬，客人会非常生气。第三次戴的帽子呢，是一个平顶的帽子，这是祭服，表明你有参与祭祀的权利了。古代最重要的大事，“惟祀与戎”，一个是祭祀，一个是作战。到二十岁，你就是堂堂正正的“国人”中的一员了。

二十岁的年轻人，身体还弱，没有十分强壮，但也算成人了，可以戴上帽子，所以就叫弱冠之年。

最后一顶帽子戴好了，你要给这位加冠的宾客敬酒。敬完酒，再去见母亲，一是感谢她把你抚养成人，二是让她分享儿子终于长大的喜悦。见过母亲后，要赶紧出来，还要请有学问的宾客给自己起个“字”。

孩子三个月的时候，由父亲起名。字呢，要留在冠礼上，由宾客起。

字，要与名的意义有关联。譬如孔子，姓孔名丘，字仲尼。因为他出生在曲阜的尼丘山。诸葛亮，姓诸葛名亮，字孔明。名和字，都有明亮的意思。不过时间一长，后来的人们也就不太遵从这个规矩了。

有了名字，就可以结婚成家了。

女孩是在十五岁举行成人礼。这个成人礼与许婚有关。女孩十五岁之前，就有人来说亲了。使者第一次登门，带的礼物不重，是一只雁。来到女方家的堂屋里，站在两根柱子中间，把雁递给主人。如果谈得好，合适了，才能问女孩的芳名。女方肯告诉芳名，就表明同意了这门亲事。接下来就要定亲。这次不一样，使者要带五匹丝帛，加两张鹿皮。

女孩到十五岁，就可以举行笄礼了。这是女孩的成年礼，所以到十五岁，又叫及笄之年。笄就是好看的簪子，有金的、银的、玉的等，把头发簪起来。这跟男孩一样，是结发。所以人们又把此时结婚，“执子之手，与子偕老”的一对，叫结发夫妻。

女孩子原本只有名，在成年仪式上也要取一个字。她要取的字也跟名有关，不管字义是正是反，而且字里面还要加一个别的姓氏——那个跟她定亲的男方的姓氏。如果没有定亲，字就取不了。就要一直“待字闺中”。这个传统，竟然一直传到民国时期。令人惊讶的是，非常倡导女权的法国，直到今天，女人一结婚，就要在名字前面加上丈夫的姓。她们对此却很习惯，几乎没人提出异议。

男人二十岁成人后，要开始学礼。学礼并不是如我们想象中那样枯燥，反而让人十分盼望。因为重要的学习，是在正式的酒会上。这个礼节叫“乡饮酒礼”。也许因为有意思，大家喜欢，竟然延续了三千多年。直到清朝的道光年间，政府穷急了，把办宴会的钱搜刮去充当粮饷，才命令停止。

酒会就设在庠——乡的学校里。主人是乡大夫，就是乡长，是一乡之人推选出来的贤人。协助他主持宴会的，是乡先生，学校里受人尊敬的老师。直到今天，乡村里的人们还称学校里的教师为“先生”。

乡大夫和乡先生早早就要定下参加酒会人员的名单，并且把座次排好。

酒会这一天，早已接到通知的八方宾客，陆续来到学校外面。主人站到门外，满面春风地迎接。客人进门时，要与主人彼此行礼，然后进门，有人带领着坐到座位上。

这时候，主人要端着三脚的酒爵，一个个给客人敬酒。客人再一个个过来回敬。这一轮结束，主人倒满酒，自饮一爵，然后宾客们也端起爵斯文地喝一口。

此时，堂下的两位乐工开始演唱《鹿鸣》:“呦呦鹿鸣，食野之苹。我有嘉宾，鼓瑟吹笙。”另两位乐工随着歌声鼓瑟伴奏。歌有三首，都是《诗经·小雅》里的。唱完后，主人要给乐工敬酒。这里酒才饮过，堂下吹笙的乐工就开始演奏了。他们吹奏的也是《诗经·小雅》里的诗篇。这番乐曲，要一连吹四首。吹奏完毕，主人向他们敬酒。

在此之后，堂上的歌者、瑟者及堂下的吹笙者，你来我往，轮番演奏。这一次，要演奏十多首。演什么曲子，都有讲究。每首曲子，都有它特别的含义。

都唱完了，大家这才真正轻松下来，脱掉鞋子，惬意地坐到席子上。席子是用黑布镶边的蒲席，旁边放着酒尊。把酒尊上盖着的葛布轻轻揭开，一阵醇香扑鼻而来。斟满酒，举起爵，大家开怀畅饮。这时候，乐工们又开始演奏，现在的演奏就随意了。主客双方，你来我往，边吃边谈。

谈什么呢？事实上，这个酒会，还是一个议会。酒会不只是展现尊老待客的礼仪，还是议事的集会。乡里的大事，都是在这个酒会上谈定的。用这种方式来谈事，从容、祥和、其乐融融，举重若轻。

等大家尽兴了，诸事也已谈妥，主人再一个个把他们送到门外。送客的时候，乐工就要演奏《陔夏（gāi xià）》。这是周朝大乐《九夏》中的一章。“陔”是戒的意思。劝诫大家，注意礼仪。刚刚喝了不少酒，脚步不能踉跄，要跟着这个曲子的节奏走。曲子的节奏短促有力，持续不断。既欢快，又催人向前。

因为酒会后，还要参加另一个盛大的射礼。

射礼在榭里面举行。

学射的年轻人早已经在这里等候，一一向散了酒会过来的宾客们行礼。

六个年轻人组成三组，每人有四支箭。教师张弓射箭，一连射出四箭，当然支支皆中靶心。他做完示范，站到一旁，把一根教鞭插在腰带上。这教鞭一般是不用的，只有学生太失礼了，才会动用。

然后年轻人每个人射四支箭。箭射出去，如果看守箭靶的人举起旗子，大声喊“获”，表明他这一箭射中了。这声“获”，喊声要大，让所有人都能听到。而且这一声要拖得很长，随着手里旗子的缓缓放下，声音渐渐小去。“获”是擒获的意思，甲骨文的样子是手里捉着一只鸟，本来是指捕捉到猎物。现在学习射箭，射中靶子了，也叫获。这个射礼就是为了训练打猎，之后再去打仗。打仗抓到俘虏，也叫获。

学生们三组射完，表演结束。下面就要进行比赛了。

主人和宾客们两两组合，也是组成三组，每个人各射四箭。只是这一次，看靶的人就要计算每个人射中几次了。箭如果不能穿透靶子，就不算射中。一番比下来，输掉的人要罚酒。计算输赢也很有意思。每组两个人，分左右两方。每组第一个射的，属左方。第二个射的，属右方。这是一个团体赛，三个左方总成绩跟三个右方总成绩比，射中率少的，就算输了，三个人都要喝酒。

这个比赛还好，还有更难的，就是箭要随着音乐的节拍发射。

主人已经把乐师安排妥当。乐师奏的曲子是《驺虞》。这是《诗经·召南》里的一首诗。驺虞是一种神兽，长得像老虎，尾巴比身子长，奔跑如飞，日行千里。不过在这首诗里，驺虞是一个比喻，象征着箭法高明的猎人。奏这个曲子要击鼓，仿佛就在打猎。鼓声咚咚，随之射箭。不合节奏的，射中了也不算。

为什么要按节奏呢？因为真正上阵打仗，鼓声就是命令。所有人都要听令行事。

如果说乡饮酒礼是培养一个人成为文明绅士，而射礼就是把一个人培养成有一身本领的战士。等射礼学得好了，就有资格参加另一种礼——大蒐（sōu）礼。

大蒐礼，就是训练一支可怕的军队了。

大蒐礼详细记载在《周礼·大司马》中。一年四季，每个季节举行一次。其实就是狩猎之礼。

最壮观的是冬季的那一场。

野地上的荒草已经清除干净，在月光下显得更加空旷。在这大校场的边上，立着四根高高的木柱。木柱叫表。前面三根，相互间的距离是一百步。第三根到四根，距离是五十步。山野的风呼呼地吹着，木柱拖着长长的影子，一动不动。

远处传来人喊马嘶，中间还夹着不绝的鼓钹之声。如长龙一样的火把，正从四面八方朝这里蜿蜒而来。

郊区的国人们，都要服兵役，每家一人。一乡两千人，五乡之人，组成一万人的一个军。乡吏们率领着本乡的战士，正摸黑赶来。

所有人都必须在天明之前到达大校场。

远处一声鸡鸣，四村的雄鸡随后啼叫成一片。晨曦慢慢照进了这片旷野。战车早已排好阵势，战士们坐在地上，黑压压的一片。冷寂中，只听到司马和几个助手在大声地检点人员。

中军元帅站在阵前，左右在斩杀牺牲，在动物的哀号声中，元帅大声说道："不从命者，斩！"说完，猛力一敲身旁的鼙（pí）。鼙是小鼓。

鼓手一听鼙声，立即擂动大鼓，连击三声。司马听到鼓声，就摇动手里的金铎（duó）。这是带着铜舌的大铃，响声清脆。掌旗的军吏们立即把旗帜高高举起。军士们听到号令，齐刷刷地站立起来。

等到鼙鼓敲起“行”的鼓点，司马就敲响镯（zhuó）。这是一种有柄的铜钟，举在手上，口朝上，另一只手拿着木槌不断地敲击。军士们就随着这节奏往前。节奏不快，从第一根柱子走到第二根柱子了，鼓人又敲起鼓来。敲三通，司马用手捂住金铎的口用力摇着，军吏们放下旗帜，所有车辆停止前进，步兵们都坐下来。

等鼙鼓再响，金铎又摇，旌旗高举，兵车与士兵重新起立。这一次，鼓声之后，司马敲镯的声音就急促了。众人随着它快步奔走，一直走到第三根柱子才停下。

最后一次，是从第三根柱子出发。这一次，镯的声音密如风雨，士兵就要飞奔了。飞奔到第四根柱子，鼓声大震，发出进攻的命令。于是战车上的射手拉弓射箭，兵士们用戈矛奋力冲刺。

鼓打出了“退”的命令。卒长用木槌敲起金铙（náo），这就是“鸣金收兵”，大家一起后退，一直退到最初出发的地方。

这是大蒐礼上半部。下半部是狩猎。只不过不是这样操练了，而是真刀实枪，去围捕野兽。狩猎的场景，几乎与真正的作战一样。攻击与撤退，都要严格听从鼙鼓铎铙的号令，万人如一人，这才算是大兵团作战。

狩猎结束，鼓声如雷，士兵们齐声欢呼。然后献兽。猎获了大兽，把左耳割下来计功。大兽要交给公家，小兽可以留给自己。所有捕获的禽兽，都要拿回去先祭神。

这种规模庞大的大蒐礼，不只是诸侯国的狩猎或者军事训练，还是一个更为广泛的国民大会。在这个大会上，太傅、太师等朝廷重臣，将推举出一军的将帅。被推举的将帅，要谦逊地推让。这也是一种礼。在大蒐礼上选定的将帅，将得到所有人的尊重。

在大蒐礼上，还要推行国家的政策，进行战争的动员等，有时候还会颁布新的法律，或对犯了罪处以刑罚。总之，很重要。但是士兵们只能是看客，他们没有表决权。远古的时候，这些大事是要在“人民大会”上由战士表决的。而到此时，大蒐礼只留下一个形式，成为一种“礼”。后来“礼坏乐崩”，连这个形式也没有了。

说了这么多，说的只是王城与郊区国人的故事。住在郊之外——“野”里的人，又是什么样子呢？住在野的人，叫“氓”或者野民、“野人”。

国人要交军赋，服兵役，地位比野民要高些。野民呢，主要提供无偿的劳动，这叫“助”，又叫“籍”，把力气借给国家去耕种公田。把公田耕种好了，才能耕种自己的私田。公田又叫籍田，周天子有一千亩，诸侯有一百亩。《礼记·月令》上说，每年立春之后，天子都要带着三公、九卿、诸侯、大夫，先向天帝祈求丰收，然后来到籍田，扶着耒耜推三推，掘起一块土，宣告春耕开始，这叫籍礼。籍礼表明天子都亲自下田了，开始劳动吧。接下来公要三倍于天子的劳动，卿再三倍于公的劳动，如此接力下去，最后由野民们把这块千亩的籍田耕种完毕。

籍田耕种的场面是极其壮观的。《诗经·周颂·噫嘻》里说，上千的民众，一起劳作在三十里的田野之上。他们耕作的喜怒哀乐，诞生了很多动人的诗篇，今天读起来，依然让人心旌摇荡。

后世的学者，对于这样的设计，有着过分的溢美。这个设计，叫“井田制”。

中间是公田，四周是私田，由十户左右的人家耕种。一块块土地，用阡陌分割开来，像一个“井”字。南北走向，沿着沟边的那条路，叫“阡”。东西走向的那条小路，叫“陌”。井田之中，阡陌纵横，井田的四周，要有疆界，这个疆界叫封疆，要经常修整。

一个个井田，形成一个个小村。村里也有庠，只不过很简陋，就是一个四面无墙的大草棚。村里有德高望重的父老在这里主持公共的事务。最重要的事务是什么呢？一个是社祭，一个是腊祭。

社祭在春天。社神就是土地神。社设在村外的桑林之中。建一个土台，在台上放上土地的神像。乡间祭社没有那么多的礼节，也不那么严肃。仲春时节，周围几个村里的男男女女，一齐聚到社前，杀猪宰羊，祭社神、祈丰收。祭过土地之后，立即敲着陶盆，载歌载舞起来。青年男女们要施展出他们浑身的解数，寻找自己的意中人。如果彼此相中了，可以私奔。《周礼·地官·媒氏》上说：“中春之月，令会男女。于是时也，奔者不禁。”许多国家都有这样一个自由之林。齐国有社稷，宋国有桑林，楚国有云梦，鲁国有尼丘，郑国有溱洧（zhēn wěi）之水。墨子说这些地方就是男女约会之所,《诗经》上也说:“期我乎桑中,要我乎上宫。”

所以社祭,总是春意盎然。

另外一个大祭是腊祭,在十二月,田间的活儿做完了,祭农神。最重要的农神就是周王的始祖后稷。这一天,举国狂欢,人与神一起尽情享受丰收的喜悦。

腊祭这天,要在庠里聚餐。所有的来客,都按长幼排下座次。吃饭没有太多的讲究,人人高兴,个个畅饮。酒足饭饱之后,手舞之,足蹈之,放声歌唱。或者“六博”,或者“投壶”,个个兴高采烈。六博是用六只白子、六只黑子玩的一种棋,据说中国象棋就是由此演变而来。投壶呢,是把箭投到一个壶里,是射礼的简化。投中了,大家就齐声喝彩。男男女女,混杂在一起,谁拉了谁的手,也不要大惊小怪。辛苦一年,快乐才一天,要尽情。

社祭和腊祭的费用,都从籍田的收获而来。那是公田,公田就是用来祭祀和救济灾荒的。这本是周公的设定。只是后来,这收获慢慢就被贵族和官吏私吞了。可是祭祀还在,费用呢,要百姓另出。这样一来,快乐就少了,礼乐成了沉重的负担。

于是,礼坏乐崩。

《淮南子》上记载说,太公望吕尚曾经问周公:“你打算怎样治理鲁国?”

周公说:“尊尊亲亲。”

周公制礼，强调的是上下之别，也就是“尊尊”。作“乐”，是为了“和”，亲人之间和睦友爱，其乐融融，也就是“亲亲”。

孟子说：“老吾老以及人之老，幼吾幼以及人之幼。”爱众人，要从身边人爱起。如果家人都不爱，就谈不上爱别人。这就是周公所说的“亲亲”。“亲亲”，这是人的自然属性。直到今天，中国人的家庭观念依然很重。尽管现代化的社会，一直要破坏这个小堡垒，把人变成社会人。当人完全成了一个孤独的社会人之后，心灵又无所归依。

而“尊尊”，说的是人的社会属性。人被抛到这个社会中了，你只能承担一个角色，必须在你的位置上做好你的事。不同的位置形成一个环。你总是受控于上一个环。你只好服从。不服从，就会被抛弃。周公的时代，把“尊尊”变得神圣了，一个个人在里面动弹不得，时间一长，体系只能崩溃。然而数千年过去，等级和不平等，从来没有消失。

周公用“礼”“乐”，阐述了人与人、人与社会、人与天地怎么相处。把个人与社会结构，和谐有序地融为一体。他建立了一个乌托邦，并且希望它能长久地运行下去。然而个人与结构的矛盾，是从古至今的普遍问题。试图让人适应结构，结构必然崩塌。那么，让社会结构顺应人性的需求呢？这似乎是寻求稳定的良策。周公努力了，于是使天下有了数百年的安宁。然而，人与社会在不断地变化，不可能有一劳永逸的结构。结构总要随人之变、时代之变而变，如何让社会结构适应当时民众的需求，这是事关国家能否安稳、国运会否长久的大事。

为之苦苦探索的周公，的确配得上他在孔子心目中的地位。

第十七章

周穆王

他几乎走到了世界的尽头

他把这个世界连成了一个巨网

周穆王是最有名的游子。

周武王的儿子是周成王。周成王的儿子是周康王。“成康之世”是太平盛世，据说“不用刑错四十余年”。周康王的儿子是周昭王。周昭王南征楚国，结果全军覆没，自己也死在汉水。他的儿子就是周穆王姬满。

周穆王即位时，已经五十多岁。史书上说他喜欢周游天下，中华大地上，到处都留下了他马车的轮辙。周王朝的四疆他都去过。不过最有名的，还是他那一趟万里迢迢的西行。同行的书史，把他这一趟远游，记在一本名叫《穆天子传》的书里。

周穆王是从都城宗周出发的，带着六军，一路浩浩荡荡直出雁门关。远游最重要的，一是要好马，二是要好的驾车人。

给周穆王驾车的有四个人。其中最有名的是造父。

造父是商纣王宠臣蜚廉的后代。蜚廉的长子叫恶来，被周武王杀死。他还有一个儿子叫季胜。造父就是季胜的后代。造父因为替穆王驾车有功，被分封到赵城。他的后代，成为战国时赵国的国王。那个被杀死的恶来呢，也有后代，沾了造父的光，也住到赵城，成为后来秦国国王的祖先。

因为这位造父，诞生了后来战国七雄里的两雄。

造父善于驾车的本领是跟一位名叫泰豆的名师学的。泰豆在地上竖了许多木桩，错落有致，如同今天的“梅花桩”，让他在上面跑。造父学了三天，就能行走如飞。泰豆说：“真是敏捷啊，你一定能成为最好的御者。”

周穆王得到了八匹骏马，又在全国访求最有本事的御者。终于找到了造父。

这八匹马都是日行千里的良马，名字分别叫赤骥、盗骊、白义、逾轮、山子、渠黄、华骝和绿耳，据说是从夸父山的桃林找到的。夸父逐日，渴死在这里，手里的拐杖倒下来，化成了三百里的桃林。周武王灭了商纣王之后，天下太平无事，就把马放到南山和桃林，表示不打仗了，与民休息。将近一百年过去，当初驰骋疆场的战马，一代代野化，竟然生出许多罕见的骏马。周穆王选出最好的八匹，送到东海的龙川岛去驯养。岛上有一种叫龙刍的草，马吃了之后，能如天马一般奔走如飞。

有了骏马良御，周穆王的远游就轻松多了。常常不经意间，就把随从的大队人马，抛得无踪无影。

这一天，周穆王来到黄河上游的阳纡（yū）之山。这里是黄河之神河伯的居所。有一个叫河宗氏的部落，号称是河神的后代，就在这周围游牧。他们的首领叫柏夭，听说周穆王来到，远远迎了出来，送上十丈绢和一块美玉。

为了表示对河伯的尊重，周穆王选了一个吉日，在黄河边上举行了一场壮观的祭祀。

周穆王穿上盛装，双手捧着玉璧，朝南站着。官吏摆上纯色而完整的猪牛羊。周穆王把玉璧交给柏夭，让他沉入黄河，祭祀河伯。

河伯显灵，托柏夭的口大声传达他的命令，一要周穆王姬满永久主理当世之事，二要他到昆仑山去参观“舂（chōng）山之宝”。然后拿出图典，指点周穆王西行的路径。

于是，周穆王就以柏夭为向导，更向西行。

一路打猎赏景，走走停停。这一天，他们来到一条大河边上，滔滔的河水，竟然是赤红色。抬头一看，一片莽莽苍苍的山脉，突然横亘在眼前。柏夭走过来，告诉穆王这条河叫作赤水，对面那座山，就是昆仑山。

此时天色已晚，赤水边上有一座鸟之山，穆王吩咐，就在此山驻扎休息，改日再登昆仑山。

昆仑山，是天帝在人间的都城。这位天帝就是中央天帝黄帝。《山海经》《淮南子》《搜神记》《庄子》等书里，对这座神山有着详细的描述。

昆仑山的北边，是西海。南边，是无垠的沙漠。西边，是由北往南流的黑水。东边，就是周穆王刚刚到达的赤水，赤水由南往北流。这四个地方，离昆仑山还远，只不过是它外围的一个大圈子。这个大圈子里面，还有一圈连绵的火山。火山里有着茂密的树林，这些树时时刻刻都在燃烧着，任何东西扔进去，立即就化为灰烬。然而这火里却生活着一种大老鼠。老鼠的毛有两尺长，很细，如蚕丝一般。在火里面，它被烧得浑身通红，一点事也没有。可是它如果跑到火山外面来，只要用水一浇，就死了，毛皮立即变成白色。用它的毛皮可以做成上等的布。这布用得脏了，不用洗，只要放在火里一烧，就又变得雪白。这布叫火浣布。

在这火山之内，昆仑山之外，还有一条河。就是那条有名的“弱水”。弱水深不见底，连鸿毛也浮不起来。水里住着吃人的怪物猰貐。猰貐本是一个小神，被另外两个小神害死了。天帝看他可怜，就让巫师把他带到昆仑山救活。五六个巫师，往来穿梭采集不死树上的果子，制药救他。救活了，却变成了一个怪物，长着人的脸，马的蹄子，浑身通红，跑得飞快，叫声像小孩儿哭。刚活过来，一纵身就跳到了弱水里。刚开始没听说它作过什么恶。到尧的时候,天上出现了十个太阳，热得受不了，它大概是发了疯，从弱水里跑出来四处吃人，结果被射日的羿一箭射死了。

过了这弱水，才是昆仑山。

即便过了弱水，也上不去昆仑山。有一个叫陆吾的神兽在山周围巡视着，不让任何人惊扰住在山上的神。陆吾长得像一头猛虎，身子色彩斑斓，却有九条尾巴。脸呢？不是虎脸，是一张人脸。

昆仑山有九重，最高的一重是穹隆形。天帝的都城就建在这上面。这是一个大城，四周有城墙围着。每面城墙都有九个门。每个门外都有一口砌着玉栏杆的井。正门朝着东方，叫开明门，门口守着一只可怕的神兽。这只神兽有老虎那么大，叫开明兽。长着九个头，每个头上都长着一张人脸。守门的开明兽与巡山的陆吾形成一种奇异的对应。其他的门，都由雕鸟、腹蛇、六头蛟等稀奇古怪的兽守着，总之，人是无法靠近的。

这个大城里面，有着五城十二楼。神仙们到下界来的时候，就住在这里。他们把这里打造成人间的仙境。

五城十二楼的中间，长着一棵叫木禾的稻子，竟有十米多高。木禾的西边，长着珠树、玉树、璇树和不死树。不死树上的果子，能制成不死药。当初巫师们就是在这里采药救猰貐的。

木禾的东边长着沙棠树和琅玕树，琅玕树上结着珍珠一般的果实，是流连在下面的凤凰的食物。据说神也喜欢这珠玉的味道，常常拿过去当点心。这是极为宝贵的，不能被人偷食。所以天帝又派了一个叫离朱的三头神人在这里看守着。

木禾的南边长着绛树，树上栖着凶猛的雕。地上有一块奇怪的视肉。说是肉，其实是一种生物。没有四肢五官，只是一团像牛肝样的大肉，中间却长了一双小眼睛。如果不害怕，你可以吃它。割一块、咬一块都可以。刚割掉一块，它就会立即长起来，完好如初。这块肉永远吃不完。

木禾的北边长着碧树和瑶树，还有能长出七彩美玉的文玉树。树上栖着一种好看的鸾鸟，头上的冠很好看，就像女子头上戴的胜。在这文玉树的旁边呢，有一口不停朝外淌水的甘泉，名叫醴（lǐ）泉。总有各样的鸟儿飞过来，在这里喝水。其中有一种鸟叫鹑鸟，羽毛如火一般红。它专门管理神仙们的器皿和衣物。

然而这个地方，还不是神仙们真正的花园。这只是他们办事累了，临时休息的地方，或者只是点缀着他们窗口的小风景而已。他们的花园在另一个山头上，离这里还有一段距离，叫悬圃，意思是空中花园。

悬圃里珍禽异兽，应有尽有。从这里可以望到天帝之都。不过最好是晚上看。白天云雾缥缈，看不清晰。到了晚上，华灯四起，那昆仑山顶一片璀璨，几乎与星空交融在了一起。这么好的悬圃必须有人管理。也许是太大了，上帝派了一个能飞能跑的神兽英招过来。它是一匹长着翅膀的飞斑马，马身上长满了条纹，不是黑白，而是彩色的。英招的马头上，长的是一张长长的人脸，它整天在悬圃的上面飞来飞去，偶尔会发出一两声奇怪的吼声。悬圃里的各种珍禽异兽，都要听它的，不能乱来。要是谁毁坏园子里的花草树木，它会严厉处罚。

有一眼泉水，细流涓涓地从悬圃一直朝远方流下去。这水叫瑶水，蜿蜒曲折，穿过好几座山，最后注到一个天池里，这个天池就是瑶池。不错，就是那个天神们经常聚会的瑶池。因为神人们经常要沿着这溪水从悬圃到那瑶池去，一路上不希望被人打扰，就由一个牛头怪沿路巡视。这牛头怪的确奇怪，它有两个牛头，八只脚，却长着一条马的尾巴。它叫的声音很可怕，就像吹号，而且这号还是军号。如果有人闯到这里，它朝你一叫，你的家乡就会发生战争。

这瑶池是西王母住的地方。西王母有多个住所，昆仑山的天帝之都里自然有她的宫室，群玉之山上也有。不过她居住时间最多的，就在瑶池边上。据说每年的农历三月三是她的生日，她在这里开蟠桃会，宴请各路神仙。

西王母有三只青鸟、一只三足神鸟。青鸟会给她捎来各种外面的消息，也会给她带来奇花异草、珍禽异兽。三足神鸟是她的伙伴，一刻也不离开她。她常常派鸟儿们到昆仑山的帝都和悬圃里采来各种花果，亲自制成不死之药。当初，她曾赐给了羿两粒，嫦娥偷吃了不死药，飞到月亮上，成了月宫女神。

可是西王母是怎样一个人呢？众说纷纭。有人说她头发乱蓬蓬的，上面插了一根玉胜，一口虎牙，还长着一条豹子的尾巴，动不动就发出一声长啸，是个令人畏惧、充满着杀气的神灵。又有人说她是一个面目慈善的老太太。还有人说，她是个美貌无比的年轻女子。这些说法，周穆王都听过。他不远万里而来，就是想看一个究竟。

现在，他已经到了昆仑山的脚下。

然而，此时的昆仑山早已面目全非。当初，颛顼派重和黎把天地分开。他们毁了天梯建木，还有疑似天梯的寻木和扶桑，让凡人再不能上到天上去。不过昆仑山没有受到太大的影响。因为那是天帝居住的地方，路途遥远，人迹罕至。即便有人闯到了，还有火山、深水，以及各种可怕的神兽，平常的人，是没法从这里登天的。在所有的记载里，只有尧时的羿来过，从这里取回了不死药。那是因为羿也是从天上下来的神。有能力射下太阳的人，不能算一个凡人。

一直到尧舜的时候，这座神山一直还是与天相连的。这时候发生了一场大洪水，治理大水的禹，循着水来到了昆仑山。他一眼就看中了这座最高的山，让人从这里挖掘土石，去填深渊大潭。大禹神通广大，把一座昆仑山越挖越矮。等他治好洪水，这昆仑山就完全与天分开了。不只是降成了一座凡山，而且被挖得满目疮痍，再也不适合做天帝的都城了。神仙们只好把这个都城抛在人间，由它荒废。如此一来，人们再去寻找神人，就更难了。他们在人间已经没有了都城。偶尔下来，只能住在大小不一的庙里。这些庙因为是凡人建造的，也就不可能有多么华美了。

诸神离去，只有一位西王母仍然驻留在这里。她当然不会居住在都城的废墟之上，她住到了昆仑山更西的方向。所以，当周穆王兴冲冲来到昆仑山时，什么也没有遇见。

周穆王是要把他的所见所闻好好记录下来，回国之后，大肆宣扬一番的。他带了十位书史，让他们跟着记录自己的奇遇。又准备了十辆车，准备装载书史们记录下来的竹简。

记录下来的竹简，一定是装了许多车。可是几千年下来，就不完整了，变得零零星星，要细细拼凑，才能看到这样一个轮廓——

周穆王跨过赤水，轻易就上到昆仑山顶，来到天帝的都城。

因为天帝神仙的离开，燃火的大山、会沉下羽毛的弱水，都失去了神力。看守这里的神兽们，也不见了踪影。只留下一个庞大的废墟，在时间里风化着。周穆王找到黄帝居住的宫殿。这宫殿已经完全坍塌了，一点看不出来原先高大巍峨的模样。周穆王让人用土石把这里加高，堆成一个高台，以便后人能够认出这里曾是黄帝的住处。然后备齐猪、牛、羊，在这里做了一场大祭祀。

帝都的废墟实在是太荒凉了，没法驻留。周穆王带着人马，住到了北边一个叫珠泽的地方。名为珠泽，是因为这片湖水里盛产珍珠。住在湖边的部落，听到周天子到来，赶紧派人送来几百匹马、三千头牛羊，还有白玉等宝贝。周穆王也拿出许多的金环、用红丝带挂着的贝饰送给他们。彼此都很高兴。周穆王看到黄帝的都城荒凉成这样，心里觉得凄凉，就派了三十多个人留在这里守护，定时祭祀。走之前，又给他们留了几十头黄牛，一是用来耕种，二来可以做祭祀时牺牲的种牛。

离开天帝的弃都，一路往北，走了几天，来到了春山。这个春山，正是河伯要他来观宝的地方。春山上有什么呢？有天帝当年的空中花园悬圃。

花园已经破败了。看守花园的那匹飞斑马招英，早已不见踪影。不过那个温泉水还在，水还是那样清澈与温暖。四周仍然长了一些奇花异草，许多珍禽异兽不时来这里饮水休息。

泉水边有一种叫孳（zī）木的树，大雪天能开花，不怕寒冷。周穆王就派人搜集这花的种子，打算带回去种一种。悬圃里还落了许多玉的精华，不知道是神仙们遗落在这里的，还是这里曾长着能够开出玉花的神树。

周穆王就在悬圃里住了下来。晚上远眺昆仑山顶的天帝之都，黑漆漆的，什么也没有。白天呢，也只看到一片山峰而已。原先的城池楼台，一个也没有了。而这悬圃，因为没有了英招的看守，赤豹、白虎、麋鹿和獐子四处出没，另外还有豺狼、野马、野牛等等。天上盘旋着能够抓捕野猪山羊的白鶽（sǔn）和青雕。这些,都是周穆王的好猎物。这一住，就是五天。周穆王在悬圃里树了一块碑，刻上自己来此的前后缘由与感慨，然后下山，继续西行。

西行不远，来到了赤乌国。赤乌国的国王叫丌（qí），送来了九百匹马和三千头牛羊，又送来许多车似黍而不黏的穄（jì）麦。周穆王高兴地收下来。说起来，周朝跟他们还有姻亲关系。当年，周文王的祖父古公亶父来到岐山后，曾把女儿元女嫁到这里。周穆王就拿出四辆上等的马车、黄金八百两、贝带五十根等，送给丌。

赤乌国有一种嘉禾，生得高大而饱满，周穆王很喜欢。他的祖先后稷就是因为种植五谷,从而使得家族发达的。出发之前,他要了一些，打算带回去试栽。

周穆王绕了一圈，来到了昆仑山西边的黑水。这里有个长臂国。穆王在这里稍作停留。他的马快，要在这里等大部队。等大部队到了，就沿着黑水往前。前面就是群玉之山，据说西王母就住在那里。

群玉山里有一块广阔平整的土地。不生草木，也没有飞禽走兽，到处都是耀眼的玉石。天帝看中这里，用来收藏他的书册。司马迁说把文章“藏诸名山，传之其人”。所谓名山，就是群玉山。藏在天帝书库里的，当然就是不朽之作了。西王母偶尔会在这里开歌宴，来来往往的都是美丽无比的神女，后人就把群玉山说成美女之山。李白赞美杨贵妃时说:“若非群玉山头见，会向瑶台月下逢。”

可是周穆王真正来到群玉山，却是一无所见。不要说西王母，连一个人也没有。群玉山上的美女,大概有一部分住到了不远处的赤乌国，使赤乌国成了有名的美人之国。周穆王离开的时候，他们的国君就送了穆王两名美女，一个叫听，一个叫列。

穆王在群玉山四处转了一圈，让人采伐了几车美玉，满心惆怅地离开了。

穆王带着大队人马，先是向北到了羽陵，大摆了一场酒宴之后，接着又往西来到铁山。从铁山再往西，到了玄池。穆王在这里停下来，吩咐乐工奏乐。据说西王母就在西方不远了。他让乐工们把乐曲演练一番，这一演练，就是三天。玄池就改名叫乐池。穆王为了让这里配得上这个优雅的名字，就在池旁边栽下竹子。竹子在穆王离开不久，就长成了竹林。

穆王继续西行，来到了苦山。苦山上没有猎物，只有苦菜。大家就吃苦菜。

苦山的西边是黄鼠之山。

这座山上的黄鼠是一种奇怪的生物。皮毛如火烧过一般，呈金黄色。不知道是不是从昆仑山外的火山里跑出来的，或者这个黄鼠之山就是那个火山，只不过大火早已熄灭。而这黄鼠的皮，就是有名的火浣布。《列子》里面介绍说，周穆王在西行途中得到了火浣布，用脏了放在火里一烧，立即变得雪白。这种金色的老鼠，连古希腊的历史学家希罗多德都听说过，并且把它写到了《历史》一书的第三卷中。他说在印度北部的沙漠里，有一种蚂蚁，比狗小，比狐狸大，能从沙漠里挖出带黄金的沙子，波斯国王曾经饲养过。古代波斯语把土拨鼠叫山蚁，所以希罗多德也写成了蚂蚁。人们因为一直找不到，千百年来都认为这是一个谎言。直到二十世纪九十年代，法国人类学家派泽尔在印度北部，发现了一种土拨鼠，打洞时会从地下带出金沙，原来下面有金矿。这个地方，离周穆王到达的黄鼠之山已经很近，或许它们就是同一种大鼠。

周穆王收拾好火浣布，再向西行，就到了西王母之邦。

周穆王没有急着去见西王母，而是让他的庞大部队，以最快的速度，建起了一个临时的春宵宫。穆王选了一个吉日，带着白圭玄璧和无数的丝绸锦缎，来见西王母。西王母的回访是在一天夜里。两人见面的情景，详细记载在《拾遗记》中。

周穆王在春宵宫里点起了无数灯烛，明亮如白昼。其中有长生灯、凤脑灯、璠（ fán ）膏灯，都精美无比。最美的是一盏冰荷灯。用冰做成了一朵大荷花，罩在火烛上。离火很远，不用担心会被火烧得融化。

西王母来了。先是许多人举着绣有虎豹的旌旗，接着是两排人抬着一辆雕着彩凤的步辇。后面跟着随从，手里也举着绣有麒麟祥兽的幡旗。一大群人，簇拥着西王母进了春宵宫。

到了周穆王跟前，随从在地上铺上碧蒲织成的长席，一只镶着红玉的绣花鞋踏了出来。

随从们又在桌子上摆出各样精致的器皿。有的装美酒，有的装从玉门关采来的甜雪，有的装有一百个子的莲蓬，有的装许多年才能成熟的黑色大枣，有的装冰桃，有的装泉水里长出的碧藕，有的装其香无比的白橘。穆王兴高采烈，吩咐奏“钧天广乐”，这也是天帝喜欢的音乐。

管笛是刚刚从西海的岑华山上砍来的象竹做的。吹起来，如凤鸣一般。钟铎是用㵒（fèi）泽产的精铜做的。瑟是用员山的木头做的。员山上有一片大树林，里面的树，狂风吹都一动不动。这样的树伐下来，做瑟是最好的。磬（qìng）是用瀛（yíng）洲的青石做的。这张磬有一丈长，却如鸿毛一般轻。

一时之间，春宵宫仙乐飘飘。虽是人间，宛如天国。

时间过得飞快。周穆王乐不思返。这一天，忽然接到飞马来报，东方徐国的徐偃（yǎn）王起兵造反，已经逼近东都成周。

西王母在瑶池给穆王饯行。

想到即将离别，西王母伤感地唱道："白云在天，丘陵自出。道里悠远，山川间之。将子无死，尚能复来。"

穆王回答说："等我回到东方，把国家治理好了，三年之后，我就回来看你。"

西王母又说："我住在遥远的西方，整天与虎豹为群，乌鹊为伍。听着笙的吹奏，我的心飞舞不停。你就要离开了，我会长久地把你思念。"

周穆王又带着西王母，登上弇（yǎn）山。这已经是西边极远的山了，从这里可以看到日落。他们在山上栽下一棵槐树，作为纪念。穆王又让人竖了一块石碑，上面刻着"西王母之山"五个字。

两个人流着泪，就此分手。

周穆王急匆匆回国，一路往东。回去的路上，黑水是必经之路。

上回曾到过水边的长臂国，这次走的是另一段，经过的国家叫重氏之国。这个重氏，祖上是蚩尤，是当年三苗的后代，被舜帝驱逐，一直来到了这里。上千年过去，他们看到中国来的周穆王，也觉得十分亲近，送了穆王许多牛羊和美玉。

重氏国里生长着很多高大粗壮的木禾。这个木禾，曾经长在天帝之都的中央。帝都毁弃了，木禾流落到民间，成了重氏国人的主食。穆王离开重氏国时，依照他的爱好，是会带走一些木禾的，可是后来再也没听说过这个神奇的大水稻，大概是因为水土不服，最终没能在中国生根发芽。

回程路上，又是千辛万苦。这次绕道，经过南方的沙漠，穆王差点渴死在里面。最后刺伤马脖子，喝了些马血，才等到转机。不过回来的路上，也发生了一件很有意思的事。穆王见到了一个奇人。

这个人名叫偃师，是个能工巧匠。他造了一个木头人献给穆王，说它能歌善舞。这是有史以来，最早发明的一个机器人。穆王很高兴，带着王后、妃嫔、文武众臣，一起来观看。

木头人非常逼真，是个美男子，完全看不出是个假人。让他唱歌，他的歌声合乎节律，优美动听。让它跳舞，也是舞姿撩人。可是在它表演即将结束的时候，却不断地用眼神去挑逗穆王旁边的妃子。周穆王勃然大怒，立即就要杀了偃师。偃师赶紧把这个木人的衣服撕开。穆王靠近一看，这个美男子，是用胶水粘合在一起的木头和皮革。它身体上漆了油漆，再涂上黑、白、红、绿等颜料。做工很细，筋骨、肢节、皮毛、齿发都有，看上去太像真人了。把它的肚子剖开，肝、胆、心、肺、脾、肾、肠、胃，等等，内脏也是全的。穆王惊讶无比，试着取出它的心，木人就不能说话。拿出肝，眼睛就不能看。取出肾，木头人的脚就不能动。全放回去，它又活灵活现地动起来。穆王又惊又叹，就把偃师带在身边，一路向东。

回到都城宗周，周穆王立即到宗庙祭祀。按照传统，出行回来，是一定要向祖先告知的。

这一趟西行，周穆王走了三万五千里。

祭祀之后，穆王立即挥军直扑徐偃王。这个徐偃王，也是个传奇人物。

当年益助大禹治水有功，禹把他的儿子若木封到东方的徐国为国君。传了三十一代时，徐国国君的一个宫人，怀孕生下一个肉球，认为不祥，就偷偷扔到了河边。一条名叫鹄苍的狗看到，就衔了回去，用自己的身子暖着，竟然孵出了一个小孩。徐国国君听说这件怪事之后，就让人把这个孩子领了回去，因为他出生的时候仰面朝天，就给他起名为偃。

徐国国君去世后，偃继承了君位。他在挖河道的时候，挖出了一副红色的弓箭，认为是吉兆，就自封为王。据说他行仁政，江淮之间有三十六个国家臣服于他。势力一大，野心膨胀，就与周王朝分庭抗礼。周穆王哪里能容忍，于是率领他四处狩猎、如虎如狼的六师，直奔东方。

徐偃王的部队，经不住穆王的突然袭击，很快就崩溃了。徐偃王带着残兵败将，逃到彭城的东山，就此销声匿迹。人们就把这座山，叫作徐山。

从极远的西方回来，不远万里，一直打到极远的东方。之后，穆王又南游到南国之边。之后呢，又向北行。从北又往西。往西经过的地方，好些是上一次经过的。可是到底有没有去赴西王母的三年之约呢？不知道。一个字的记载也没有。

周穆王在位五十五年。他不仅走遍了整个周王朝的天下，还去了无数的边陲小国。他也曾经忧心后世的人会说他过度游猎。他的手下跟他说：后人对你的评价，是看你能不能让百姓安居乐业、不受饥寒；使富人安心，官吏尽职；把你所得的与你所乐的，与百姓共享。如果你的游猎能够有利于此，就可以。

周穆王深为赞同。《尚书》上记载，穆王想把国家治理好，心里十分忧虑恐惧，他说自己整天像踩着虎尾，走在春天的薄冰之上，甚至半夜也会爬起来，思考怎样避免过失。他还指导大臣，制订出中国最早的成体系的刑法，来约束诸侯及奸人，使得民众过上安稳生活。看样子，他不像一位只知道游乐，不问国事的荒唐人。

事实上，由于穆王的出行，打通了从都城到周边各国的道路，使得各国的使者不绝于路。一些原本与中国失去了联络的国家，也一一建立起联系。他用半个世纪的时间，几乎走到了世界的尽头。他把这个世界，连成了一个巨大的网。中国的器物不断流往海外，海外的珍宝也不断输往中国。中国呈现出一个前所未有，之后也极为罕见的开放姿态。

心情愉快的周穆王，没有想到他是周王朝的转折点。他一死，周朝便开始了衰落。这个衰败的过程很慢，它先是变成一个羸弱无力的老人,又慢慢变成了一个无人在意的象征,可是这位老人还要活七百年。

从来没有不亡的王朝，只有传奇会一直流传。

第十八章

中国龙

中国人的身上

都有着龙的灵性

西周的灭亡，竟源于夏朝的两条龙。

夏朝之后是商朝，商朝之后是周朝。周朝传到第十二代，就是“烽火戏诸侯”的周幽王。

周幽王宠爱妃子褒姒（bāo sì），就废黜了申后，立褒姒为王后。太子宜臼也废掉，立褒姒的儿子伯服为太子。

褒姒是一个冷美人，像一尊玉雕，美艳无比，却冷若冰霜，几乎从来不笑。幽王想尽了办法，也不能博褒姒一笑。终于有个大臣，替幽王想出了一个“好主意”。

都城外面的骊山上，建着高高的烽火台，几乎还不曾用过。不如把狼烟点燃，看看诸侯们会不会真来。如果他们赶来了，王后站在高处，看到这个热闹，说不定就笑了。

烽火点燃了，四方的诸侯蜂拥而至。当他们十万火急赶到都城时，一个敌兵也没有。城墙的高处，站着周幽王与褒姒，朝着他们指指点点。褒姒看到许多兵马无所适从地在城底下打转，样子既狼狈又滑稽，扑哧一下笑出声来。周幽王一直盯着她看呢，这一次，终于看到了她如花的笑靥，真正是倾国倾城，不由得心花怒放。

诸侯们满心恼怒，愤愤然散去。

为了再看到褒姒的笑颜，周幽王又点了几次烽火。诸侯们受到几次戏弄，终于再也没人上当。幽王只好停了这个游戏。

申后被废黜，宜臼逃到了申国。申侯对周幽王极为怨恨，幽王打算出兵攻打申国。申侯一怒之下，联合了缯（zēng）国与犬戎，先下手为强，出兵直扑镐京。

申国是炎帝的后代，周初就被封在都城的西边。他们世代与周朝的王室通婚。周幽王的父亲是周宣王。周宣王的母亲就是申国国君的妹妹。

周宣王曾经请申伯来朝廷做卿士，帮助他管理国家。申伯勤勉能干，在朝中很有威信。周宣王灭了谢国之后，为了镇抚南方诸侯，在南方建立一个屏障，就让申伯到谢国旧地去建立南申国。“王命申伯，式是南邦”，希望他能成为南方诸国的典范。宣王的太师、著名诗人尹吉甫在《诗经·崧高》里，详细描绘了宣王到东南郊外为申伯践行的盛况。宣王又是赐车马，又是给玉圭，千叮咛，万嘱咐。

多年之后，又一位申侯的女儿，嫁给了周幽王为后。可是周幽王为了褒姒，竟然废了申后。

太史官伯阳叹息着对周幽王的叔叔郑桓公说：“周要亡了。”

他知道褒姒的来历。关于褒姒的出生，有一段长长的往事。事情发生的源头，是夏朝的两条龙。

夏朝末年，突然有两条龙从天而降，停在夏王的宫廷。龙竟然对夏王和一众大臣们开口说话了：“我们是褒国的两位君王。”

本来，夏朝的始祖大禹，在治水时还用了许多龙做他的助手，然而夏朝建立了数百年之后，龙渐渐成了传说。夏王看到龙，不由得大惊失色。

于是请卜官占卜，问问祖先神灵，到底该如何处置。占卜的结果是：不能杀，不能赶，也不能留下来。又占卜，结果“请其漦（chí）而藏之”才是吉。漦，就是龙的唾沫。请龙吐出一些唾沫，好好收藏起来，这才吉祥，没有灾祸。

夏王把祷告的言语写在简策上，然后在龙面前摆上贡品，让人向龙宣读写好的祷告。龙果然吐出了许多唾沫。夏王让人把龙漦收到一只木匣子里，再把木匣子封藏起来。

这样一折腾，龙也就风平浪静地飞走了。

从夏王对龙的惊骇，可知在此时，人与龙的距离已经相当遥远，彼此之间有着很大的隔阂。人与龙的关系本来不是这样的，甚至可以说是相当紧密。彼此的疏远，有一个过程。

中国人的始祖，后来成为东方天帝的伏羲，据说就是人首龙身。伏羲的母亲叫华胥氏。有一天她到雷泽去游玩，踩到一个大脚印，心有所感，后来生下了伏羲。雷泽是雷神居住的地方。雷神长着人的头，龙的身子。伏羲是雷神之子，所以就以龙为部落的图腾。中国人从此之后，就自称“龙的传人”。

到了黄帝的时候，与蚩尤作战总也不能取胜，有人给他出谋划策，说蚩尤的兵马害怕听到大鼓的声音。不过这大鼓非常奇特，要用夔的皮做鼓面，用雷神的骨头做鼓槌。黄帝就派人到东海的流波山上，杀死了独脚神兽夔。又派人到雷泽杀死了雷神。

或许是雷神这时已经太老了，没有力量反抗。或许是黄帝的手下有着更大的神力。总之，人首龙身的雷神就这样死了。

在黄帝之时，龙并不希罕。黄帝最得力的大将，就是一条应龙。应龙是所有龙里威力最大的，背上长着两只翅膀。

《述异记》上说，虺（huǐ）五百年化为蛟，蛟千年化为龙。虺是一种像蜥蜴的小龙。蛟是潜在水中的，一种像巨鳄的龙。龙再过一千年，才能变成长有双翅的应龙。

应龙帮黄帝杀死了蚩尤。黄帝升天，也是骑着一条从天而降的黄龙飞走的。不过也就在黄帝之时，龙与人渐渐拉开了距离。原因是黄帝的史官仓颉造出了文字。

仓颉造字，“天为雨粟，鬼为夜哭，龙乃潜藏”。人们有了文字，智慧大开，就不用事事依赖鬼神，可以“敬鬼神而远之”了。人有了文字，开始了独立。独立了，才真正开始强大。龙呢，也从中嗅出了对自己的危险，于是开始躲藏，离人远远的，最好是各不相干。

到了舜帝的时候，龙已经很少了。有个南浔国，发现地脉深处的一个深潭里，藏着毛龙和毛鱼。国王派人抓了一雌一雄两只毛龙，万里迢迢赶过来献给舜。有个名叫董父的人，擅长养龙。舜把他请过来，专门为他设了个世袭的豢龙氏之官。董父把这两只龙养得非常好。大禹治水的时候，把龙交给禹，帮他去导引水道。治水是一项大工程，大禹从各个地方收罗了好几条龙来帮忙。当年协助黄帝攻打蚩尤的应龙，因为多年血战，功力大损，不能回到天上，住在东海之外的凶犁土丘山上，也被大禹请了过来。曾经有一条经验不足的龙，开错水道，耽误了治水，竟然被大禹杀了。那个错开的峡谷，在巫山县西边的长江南岸，叫错开峡。峡的山崖上，有一个半环形的石岩，仰头望上去，像一个石鼓，这是当年大禹杀龙的斩龙台。

大禹治水成功，龙们也功成身退，纷纷离去。不过还是有几条龙留了下来。大禹去世之后，据说他的儿子启曾经骑着龙，到天上去了三次。他偷偷把从天帝那里听到的音乐记了下来，回到地上后，编成一个乐舞。启在钧台会集天下诸侯，下令演出这个宏伟壮观的乐舞。观看演出的各国诸侯，既赞叹又惊骇。表演大乐舞，也是宣威天下的一种好手段。

在此之后，关于龙的记载就越来越少了。直到夏朝第十四代君王孔甲时，又出现了四条龙。一对出自黄河，一对出自汉水。孔甲想让这四条龙来驾车，可是找了许久，一直找不到会养龙的人。已经很久很久没人见过龙了。豢龙氏的后代也不知所踪。

有个叫刘累的人，本是尧帝的后代，曾经跟豢龙氏学过养龙。可是世间一直没有龙，这门手艺毫无出路。刘累穷困潦倒，四处流浪，忽然听说帝王孔甲得到了四条龙，立即跑到京城来毛遂自荐。孔甲跟他一谈，发现果然是个专家，不禁大喜过望，立即封他为御龙氏，并且赐给他一块大大的封地。这个地方后来就叫豢龙城，又叫御龙城。

哪知道这个刘累，学艺不精，只会纸上谈兵。一段时间之后，竟被他养死了一只雌龙。不过，刘累胆子却很大。他沉着冷静地把死龙做成了菜肴献给孔甲。孔甲一尝，果然是从来没吃过的美味。吃过之后，就念念不忘。过了一段时间，他又向刘累索要，让他再做一盆送上来。刘累知道纸终究包不住火，丢下一切，悄悄跑了。刘累一口气跑到鲁县，从此隐姓埋名，再不出现。

孔甲得知实情后，既恼怒，又无奈，只好重新寻找真正的养龙高手。

这一天，来了一个名叫师门的人，自称很会养龙。师门是个有神通的人。《列仙传》上说他能随着烟火飞升，喜欢吃桃李的花朵。他的师傅名叫啸父，在曲周的市集上替人补鞋，一做就是几十年。后来有人发现，岁月竟然没在他的身上留下一点痕迹，几十年过去，啸父还是一个少年人，大家这才知道他是个大有神通之人。

师门果然有手段，剩下的几条龙被他养得生机勃勃、强壮有力。可是师门脾气大，常常顶撞孔甲。一个养龙人，这样桀骜不驯，这是孔甲无法忍受的。孔甲下令杀了师门，把尸体埋到郊外的野地里。刚埋下去，郊外立即风雨大作。等风雨一停，野外的树林又燃起了大火。师门死了之后，显出这样的神通，这让孔甲有些担忧，就亲自来向师门的亡灵祷告。孔甲祷告完毕，坐车回城。车行到半路上，孔甲突然就死了。

可以说，孔甲也是因龙而死。

孔甲与师门都死了，那几条龙的命运如何，没有记载。大概也就死了。

之后，人们再见到龙，就是那两条自称是褒国之君的龙了。正因为龙曾经给孔甲带来灾祸，夏王才如此紧张，又是占卜，又是祷告，直到两条龙飞走了，才松了一口气。收藏着龙漦的木匣，他一眼也不要看，让手下赶紧放到仓库的角落里去，谁也不要打开。

夏朝灭亡，这木匣传到了商朝。商朝灭亡，木匣又传到了周朝。史书上一直记载着这段往事，从来没有人敢打开。装着龙漦的木匣就丢在黑乎乎的仓库里，一年又一年，人们几乎都要把它遗忘了。

然而，木匣终于被周幽王的爷爷周厉王发现了。

周厉王是个刚愎自用之人，做事没有顾忌，专横暴虐。他偶尔看到这个木匣子，立即吩咐打开。里面到底是什么东西？他要看一看。

木匣子一打开，龙的唾沫立即流了出来，淌在宫廷的地上。一股浓烈的腥味，一下子弥漫了整个宫殿。所有人都用手捂住口鼻。士兵和仆役们，用尽了手段，也除不掉这地上的龙漦。“要不，还是用巫术吧。”有人出主意。于是周厉王命令一群宫女，赤裸着身体，围着地上这一摊腥臭的液体跳舞。宫女们跳着喊着，外面的人也大声应和。乱哄哄的喊叫声中，龙漦突然变成了一个奇怪的东西，飞一般往后宫跑去。

《史记》上说这个怪物是玄鼋（yuán）。有人说所谓玄鼋，就是黑色的蜥蜴，或者是龙幼小时的虺。

后宫里的嫔妃、宫女们看来了这么一个怪物，吓得四散奔逃。一个六七岁正在换牙的小宫女，吓得呆了，来不及跑，被这个怪物撞了一下。怪物奔跑如飞，一下子就不见了踪影。

周厉王已经来不及再过问龙漦的事了。都城的老百姓发动了叛乱，围住王宫，眼看就要攻进来了。

起因是周厉王与民争利。他对山林川泽实行国家专利。原本大家都可以去山林川泽自由渔猎。现在不行了，渔猎都要向周王缴赋税。国人对此大有怨言，有人谩骂，有人哭诉。主管政事的召穆公对周厉王说:“百姓忍受不了你的政令了。”周厉公勃然大怒，召来卫国的巫师，让他去监督，如果发现有人说王上的坏话，就抓起来杀掉。老百姓噤若寒蝉,四方诸侯也都不来朝见。周厉王的恐怖手段,最后使得人们在路上相遇了，也不敢交谈，只用目光彼此示意一下，就匆匆而过。对于这个结果，周厉王很满意。他对召穆公说:“我能制止他们乱说了。他们现在一句话都不敢说。”召穆公说:“防民之口,甚于防水。水壅而溃，伤人必多。”这就是“防民之口，甚于防川”的来历。

周厉王不听。国家于是陷入到一种可怕的沉默当中。就这样一直过了三年，这三年来，周厉王沾沾自喜，更加侈奢暴虐，甚至无所事事地打开了传了三朝一直没人敢动的龙漦木匣。

突然，国人暴动，直攻王宫。

周厉王仓皇而逃，一口气跑到了彘（zhì）邑。

周厉王的太子静，躲到了召穆公家。国人闻讯，又把召穆公家团团围住，要他交出太子。召穆公藏好太子，把自己的儿子交了出去。国人把他当作太子杀了，才慢慢散去。

一国无主。就由召穆公和周定公一起处理政事，历史上称这一时期为“共和”。

共和十四年，周厉王死了。召穆公与周定公把太子静请出来，立他为王。这就是周宣王。

登位为王前的十多年里，周宣王东躲西藏，担惊受怕。民间的生活，也让他体验到生活的艰辛，了解了民间疾苦。即位为王之后，周宣王立志振兴国家。他任用召穆公、仲山甫、虢文公、申伯等一干贤臣，使得国家很快就兴盛起来。

当时四面都是敌人，向着周朝不断地进攻。周宣王决定奋力反击。他命令尹吉甫去攻打猃狁。尹吉甫能文能武，据说《诗经》就是由他搜集整理的。他一举打败了猃狁。宣王又派人在北方修筑城池，做长期守护。如此一来，北方终于平定。

宣王又派秦仲父子与西夷血战，最终大败西夷。任命秦氏为西垂大夫，成为西方的屏障。留在这里的秦氏，就是后来秦国的祖先。

对东方的征战打了两场。宣王先是派了重臣召穆公前去征讨，不久就得胜而回。之后东方的徐国又反叛，周宣王盛怒之下，亲率大军攻杀过去，把徐国扫灭。东方淮夷诸小国，在宣王的兵威之下，全部臣服。

出兵最多的一次，是征伐楚国。周宣王以元老重臣方叔为将，率领了三千兵车、三万六千人的大兵团，南下作战，结果大获全胜。在周宣王的振作之下，衰落的周王室权威得到恢复，诸侯又重新前来朝见天子，四夷咸服，历史上称之为“宣王中兴”。

然而周宣王晚年，渐渐变得昏聩。他独断专行，不听忠言，甚至滥杀大臣。

在战场上，他也从原先的屡战屡胜，变得屡战屡败。周宣王三十一年，攻打太原之戎失败。三十六年，征讨条戎、奔戎，战败。

三十九年的千亩之战被姜戎打败。多亏御者奄父拼死相救，周宣王才突出重围。而周朝整个南国之师，在这一个战役中全军覆没。

所谓的中兴，终于成了西周王朝的回光返照。

周宣王带着残兵败将回到京城。突然听到街上的孩子们在传唱一首童谣:“檿（yǎn）弧箕（jī）服，实亡周国。”

“檿”是山桑，“弧”是木弓。用山桑做的弓，强劲有力。“箕”是一种细茎的草，“服”是装箭的袋子。用箕做成的箭袋，耐磨损。

这个童谣十分奇怪，山桑弓、箕草袋，竟然会导致周国灭亡。周宣王下令搜查，果然，有一对夫妇专门卖檿弧箕服。宣王立即派人去把他们抓起来杀掉。这对夫妇听说朝廷抓捕，连夜逃亡。周宣王令大臣杜伯在全国搜捕。杜伯觉得为一个不靠谱的童谣，闹得全国鸡犬不宁，完全是小题大做，就没有全力追捕。卖弓的夫妇这才逃得了性命。

这对卖弓的夫妇，在逃亡途中看到路边上有一个包裹，里面放着一个小婴儿，哀哀地哭着。两人看小女婴可怜，就收留下来，背在身上，一路逃往褒国。

这小女婴是谁呢？

当年，周厉王打开藏着龙漦的木匣，龙漦淌出来，化作一个像黑蜥蜴的怪物，跑进了后宫。在后宫撞到一个小宫女。小宫女成年之后，竟然莫名其妙怀孕了。过了许多年，生下了一个女婴。无夫而生子，宫女害怕是妖孽，不敢留下来，就偷偷扔到了路边，恰好被卖弓的夫妇捡到了。

杜伯没抓到卖弓的夫妇，周宣王的一个妃子又诬告杜伯调戏她，周宣王非常恼怒，把杜伯抓起来杀了。死之前，杜伯很不服，说如果我死了，没有灵魂，那就算了。如果有灵魂，我一定会来报仇。过了三年，周宣王去郊外打猎。当时正是中午，忽然有一匹白马拉着一辆白车，朝宣王直冲过来。车上站着一个人，穿着红色的衣服，手里拿着一把红色的弓，弓上搭着一支血红的箭。所有人都没来得及反应，红箭就射了出来，一箭射中周宣王的前心。这个射箭的人，就是已经死去了三年的杜伯，是个鬼魂。

煊赫一时的周宣王，就这样突兀地死了。

周宣王在位四十六年。他一死，太子宫涅继位，这就是周幽王。

褒国的国君因为某件事得罪了周幽王，幽王发兵攻打，褒君收罗了国中的美女财宝向幽王赎罪。

此时，卖弓夫妇收养的小女婴已经长大成人，出落得如花似玉。女孩被褒君选中，送给了周幽王。直到此时，这女孩还没有一个正式的名字，因为是褒国送来的女子，就叫"褒姒"。

《史记》上说，"王之后宫，见而爱之。"周幽王对褒姒一见钟情，宠爱万千。于是废了申后，立褒姒为王后。

申后的父亲申侯勃然大怒，联合了缯国与犬戎，率领兵马，杀进京城。

周幽王已经从王宫逃到了骊山脚下。

山顶上，烽火台早已点上了狼烟。兵士们猛烈地敲打着巨鼓，鼓声如同受到惊吓的猛兽，嘶哑地吼叫着，呼喊着下一座烽火台。狼烟一支接着一支，直直地冲向天空。远远看过去，仿佛大地向天空伸出无数的胳膊，在请求帮助。远远近近的诸侯们，一瞬间，全都看到了这都城危急的信号。可是没有一个人在意。他们都知道，幽王又要戏弄他们了。

然而这一次，敌军真的兵临城下。

周幽王已经从城里跑到了骊山，他带着褒姒站到高处朝远方眺望着。犬戎的士兵们越来越近，更远处，安安静静，一个援兵也没有。

这一回，褒姒没有笑。

犬戎之兵冲杀过来。他们在骊山的脚下，杀了周幽王和太子伯服，带上褒姒，扬长而去。

西周就此灭亡。这一年，是公元前七七一年。

人们把西周的灭亡，归罪于因龙而生的“妖女”褒姒。这显然是一个借口，也是对龙既爱又惧的一种形象表达。龙是如此神秘莫测，让人充满遐想。人们打算把它塑造成一个神话。他们画它、雕刻它、津津有味地描述它，终于，龙在人们心目中变成了这样一种神兽——它有着鹿一样的角，头似牛，身如长蛇，披着鱼一样的鳞片，脚爪如雄鹰，长着长长的飘动的胡须，竖着一双大象的耳朵。这种神兽能够吞云吐雾，喷火降雨，神通十分广大。

许多地方，也建起了龙王庙。庙里的塑像是龙首人身，穿着华丽的服装，端坐在庙堂中央。干旱的时候，人们来向它求雨。如果不下雨，也会把它抬到烈日底下去曝晒。

过节的时候，还会用纸或者布，做成龙的样子，抬出来舞动，就像龙是活的一般，舞到哪里，就能给哪里的人带来好运。

人们把龙塑造成一个神话与偶像，然后再来崇拜它。这终于引起了拥有统治权的帝王的注意。他们把龙的形象抢过去，当成了自己的专用品。帝王自称为真龙天子，穿的是龙袍，坐的是龙椅，睡的是龙床，生的孩子叫龙子龙孙。

其实龙子并不那么神圣，有的甚至很不成器。人们说龙生九子，各不相同。不只是不同，简直千差万别。

龙的九子中，囚牛喜欢音乐，总是被刻在胡琴的头上。这对拉琴人是一个安慰。所有琴师，都希望能有一个知音。即便是一个怪兽也好。

睚眦（yá zì）是个嗜血好杀的怪兽，虽然角是龙角，却长着豺狼的样子，总是睁着一双狂怒的眼睛，它最好的归宿当然是剑鞘刀柄这样的杀人利器。

嘲风倒是吉祥之兽。它不怕冒险，喜好登高望远。所以总是蹲在高高的殿角之上。这名字也起得好，再大的风它也毫不在意。据说蹲在屋顶上的它，能威慑妖魔、清除灾祸。那就让它在屋顶上待着。

蒲牢实在是没出息。虽然是龙的儿子，却害怕鲸。看到鲸朝它扑过来，就会吓得放声大吼。大概是想用吼声把鲸吓跑吧。既然这样，就把它放到大钟顶上做提梁吧。然后把敲钟的木杵做成鲸的形状。这样一撞，蒲牢害怕，据说声音就能响入云霄，传得很远。

狻猊（suān ní）有烟瘾。它长着一副狮子的模样，可是一点也不凶猛，总是默默地蹲坐着，一口一口吞吐着烟雾。哪里的烟雾比较多呢，香炉。好吧，就让它做香炉吧。成为香炉的它，可能是龙的儿子们里面最憨态可掬的一位。

赑屃（bì xì）的爱好就奇特了。它长着如同乌龟一样的身子，四条腿粗壮有力，喜欢驮重东西。好吧，你就驮石碑吧。宫殿、庙宇或者陵墓的前面，都要立碑的，你就好好驮着。与这个比较蠢萌的家伙搭档的，却是非常斯文的负屃（fù xì）。负屃喜欢读古拙的文字，所以它常常会盘绕在赑屃驮着的古老石碑上。这既是对石碑文字的褒扬，也是对碑文的守护。

狴犴（bì'àn）最大的爱好是看人打官司。它不是趴在监狱的大门上，就是匍匐在官衙的大堂两侧。据说它能仗义执言，可以帮助判官明辨是非，可是人们对它不喜欢，敬而远之。谁愿意官司缠身呢？

螭吻（chī wěn）是很累的。它坐在屋顶两坡瓦垅的交汇点上，张开大口，正吞着长长的屋脊。这样一来，整个屋顶就被它严密封固了。它能防雨，又能避火。样子凶恶，倒是一个吉祥之兽。

事实上，龙生的奇怪儿子，不只是九个。九只是一个虚数，说明很多。中国人说龙生九子，并不是祝人多子多福，而是带着一种戏谑的嘲讽。

龙的这些儿子，虽然个个不像龙，可倒也各有所长，能自立于世。这倒也是普通人的一个象征。毕竟并不是谁都可以成为一条龙，或者谁都能有龙的灵性。但人们对龙的灵性的追求，从来没断。

《说文解字》上说："龙，鳞虫之长，能幽能明，能细能巨，能短能长，春分而登天，秋分而潜渊。"龙是变化无常的。神龙见首不见尾。画龙不能画得完完整整，要隐隐约约。这样才有灵性。人们以龙的形象来描绘天上的星辰。在春分时节，天上的苍龙七宿出现在东方；到夏至呢，出现在南方正中的天空；秋分时，潜入西天的黑夜。这一天文景观，就体现在《易经》的乾卦之中。

乾卦以龙为象征。它的六爻不只是显示出天象的运行，同时还包含着事物发展和人生成长的规律。这个成长规律，与孔子对人生的一段总结，相辅相成，甚至彼此配合得丝丝入扣。

龙在"乾卦"，真正是活灵活现了。

初九是"潜龙勿用"。人的一生，在这时候，刚刚开始学习，还是潜龙在渊。可人是有龙性的，这时候就要开始自省。不自省发掘，龙性就会失去。这就是孔子所说的"十五有志于学"。

九二："见（xiàn）龙在田"。这时候龙的羽翼刚刚长成，已经能看到他的样子了。孔子说"三十而立"，人要自主自立，立志、立身。人不立，龙则不成形。龙性将会就此离去。

九三："君子终日乾乾"。此时，必须自强不息。孔子说"四十不惑"，心志清明，对自身和这个世界，都有了自己的认识，不再迷惑。

如果不奋斗，不磨炼，左顾右盼，犹豫不定，龙将有形无实，徒有其表。这样的人生是无力的，无法腾飞。

九四：“或跃在渊”。是进是退，是停是留，已经心中有数。这是阴阳转变的关键时刻。孔子说“五十知天命”。到了这个时候，人生的大幕才算真正拉开，也知道了天命之所在。是奋起兼济天下呢，还是退一步独善其身，可以做决定了。龙在这个时候，已经雄壮矫健，只是等待时机。时机来临，必将冲天而飞。

九五：“飞龙在天”。龙已经遨游于九天，人生达到了高处。这是人生智慧的显现。孔子说：“六十而耳顺”。所有人的话都听得懂,听得明白。因为他已经通晓了人性。而每句话的背后，都体现着这个人的品性、心胸与人生积淀。这是对人性的领悟与理解，同时也是对天地的了悟。司马迁所谓“究天人之际”，说的正是人生此时。人的灵魂如龙一般，高飞在天，俯看山河大地，人间万象，已经是洞若观火，纤毫毕现。作为龙，已经接近于“道”，却没有得到“道”。

上九：“亢龙有悔”。万事万物，有始必有终。月圆则亏，物极必反。孔子说：“七十而从心所欲，不逾矩”。龙飞舞在天空，自由自在，从心所欲。可是不能永远飞舞下去。“悔”是寻找。“不逾矩”的“矩”是人生的归属，是家。家在哪里？

龙从天空飞过，人已度过一生。所谓龙的传人，其实是说中国人的精神当中，都有龙的灵性。有的人灵性被蒙蔽了，有的人灵性被发掘了。发现了自我灵性的人，他就可以遨游于四海，纵横于大地，飞舞在长空。他就可以回“家”。

家，就是高悬于天幕上的一颗颗星星。它们的光芒，是黑夜里的希望，是孤独者的路标，是一个个高尚的灵魂穿越时空的凝望。

图书在版编目（CIP）数据

中国人的历史：诸神的踪迹 / 申赋渔著. -- 北京：新星出版社，2017.10（2025.3 重印）

ISBN 978-7-5133-2772-5

Ⅰ. ①中… Ⅱ. ①申… Ⅲ. ①中国历史－通俗读物 Ⅳ. ①K209

中国版本图书馆 CIP 数据核字（2017）第 181356 号

中国人的历史：诸神的踪迹

申赋渔 著

策　　划 亲近母语研究院
责任编辑 汪　欣
特约编辑 杜益萍　秦　方
封面设计 朱赢椿
版式设计 韩　笑
内文制作 王春雪
责任印制 李珊珊　史广宜

出　　版 新星出版社 www.newstarpress.com
出 版 人 马汝军
社　　址 北京市西城区车公庄大街丙 3 号楼　邮编 100044
　　　　 电话（010）88310888　传真（010）65270449
发　　行 新经典发行有限公司
　　　　 电话（010）68423599　邮箱 editor@readinglife.com
印　　刷 北京中科印刷有限公司
开　　本 880mm × 1230mm　1/32
印　　张 8.25
字　　数 160千字
版　　次 2017年10月第1版
印　　次 2025年3月第22次印刷
书　　号 ISBN 978-7-5133-2772-5
定　　价 45.00元